Eugen Freund

Zeit in Bildern

Eugen Freund

ZEIT IN BILDERN

Vier Jahrzehnte fotografisch dokumentiert

K&S

www.kremayr-scheriau.at

ISBN 978-3-218-00826-6

Schutzumschlaggestaltung: Kurt Hamtil, Wien
unter Verwendung von Fotos aus dem Archiv des Autors
Layout und typografische Gestaltung: Ekke Wolf, www.typic.at
Druck und Bindung: Druckerei Theiss GmbH, St. Stefan i. Lavanttal

Inhalt

Einleitung

Anton Bochinz war ein kleiner, hagerer Mann. Er trug eine Brille auf seinem schmalen Gesicht, fast immer auch einen weißen Mantel. Gemeinsam mit seiner Frau lebte er in einem blassgelb getünchten, ebenerdigen Haus, das seiner Größe angepasst war. Mehr als eine Tür und vier Fenster habe ich von ihrem Haus nicht in Erinnerung. Um zu ihm zu kommen, musste man eine Schotterstraße benützen, die von St. Kanzian, wo wir wohnten, am Kleinsee vorbei durch Steinerberg nach St. Veit im Jauntal führte. Ich kannte den Weg fast im Schlaf, denn fast immer, wenn mein Vater auf Visiten unterwegs war, begleitete ich ihn. St. Veit war ein kleiner Ort, fast alle waren »unsere« Patienten – so auch die Bochinzs.

Wenn man in sein Haus eintrat, war links neben der Stube ein abgetrennter Raum, in dem oft eine rote Lampe brannte, die von der Decke baumelte. Auf einem länglichen, schmalen Holztisch standen mehrere rechteckige, flache, mit Flüssigkeiten gefüllte Gefäße. Es roch ständig nach Chemikalien. An der Wand war eine Latte befestigt, von der unterschiedlich lange Filmstreifen baumelten. Anton Bochinz war Fotograf. Meist kamen wir vorbei, weil sie den Landarzt ohnehin wegen irgendeiner Krankheit gerufen hatten, oft aber auch, weil wir Filme zum Entwickeln brachten. Gelegentlich, wenn ein wenig Zeit war, durfte ich ihm über die Schulter blicken, was mir trotz meines jugendlichen Alters – dank seiner geringen Größe – erstaunlich gut gelang: Dann sah ich, wie sich die kleinen, weißen Kartonblätter in der Flüssigkeit langsam in und zu Fotos entwickelten. Das rote Licht im Raum ließ die Szene noch gespenstischer erscheinen. Erst bildeten sich dunkle Flecken heraus, dann waren Konturen erkennbar, schließlich zeichnete

Formationsflug der Bundesheer-Staffel,
Klopeiner See 1966

sich ab, was da fotografiert worden war: Meist war es eine Hochzeit auf dem Lande, oder auch eine Taufe, mein Vater brachte gelegentlich seine Negative von Urlaubsreisen oder den Kindern zum abgelegenen Haus des Fotografen.

Bis ich selbst so weit war, vergingen noch einige Jahre. Erst durfte ich mit dem Fotoapparat meines Vaters experimentieren – viel ist davon nicht erhalten, aber zumindest eine fast historische Aufnahme: Einige Sommer lange wurden die Urlaubsgäste mit einer Vorführung der »Burda-Staffel« erfreut, meist drei einmotorige Kleinflugzeuge, die in eindrucksvollem Formationsflug über dem Klopeiner See ihre Runden zogen. Einmal, es muss ca. 1966 gewesen sein, wurden sie von einer Flugstaffel des Bundesheeres begleitet – die flogen natürlich dreimal so schnell, dafür umso eindrucksvoller über die Köpfe

Die hübsche Nachbarin, ganz nah herangezoomt, 1968

der Urlauber hinweg. Aber wiederum nicht so schnell, dass ich sie nicht fotografieren konnte.

Zu meinem 16. Geburtstag landete meine erste Kamera auf dem Gabentisch: eine Agfa Iso Rapid I. Viel mehr, als mit einem neben der Linse befindlichen Auslöser abzudrücken, war nicht drin (und dran). Lediglich ein zweiter Hebel war noch vorhanden, der sich zu einem Blitzsymbol verschieben ließ – er würde den Blitz auslösen, wenn man einen solchen dazukaufte. Weil ich immer schon gerne bastelte, baute ich diesen Apparat so um, dass er mit Hilfe eines Bindfadens (den ich irgendwo am Verschluss befestigte und durch ein winziges Loch nach außen führte) auch in der Lage war, Langzeitbelichtungen vorzunehmen – das bewährte sich etwa bei Aufnahmen vom alljährlichen Feuerwerk am Klopeiner See. Besonders stolz aber war ich, dass es mir gelang, aus einem alten Messingfernrohr und der Agfa-Kamera eine Art Super-Teleobjektiv zu basteln. Damit konnte ich die Jung-Lehrerin, die nachmittags am Balkon der gegenüberliegenden Schule saß, in der sie auch wohnte, so genau fotografieren, dass man sogar den Fingerhut auf ihrem Mittelfinger wahrnehmen konnte (wobei ich sicher nicht am Fingerhut interessiert war …).

Irgendwann muss mein Großvater Helmrich

Lambrecht mein fotografisches Talent erkannt haben. Er war wohl wie ich ein Bastler, aber dank seiner Ausbildung als Diplomingenieur auf einer ganz anderen Ebene: Er hatte sich in St. Kanzian eine Sternwarte gebaut, mit einem Spiegelteleskop, das von der ersten Zeichnung bis zum geschliffenen Spiegel völlig aus seiner eigenen Hand stammte. Später kam dann noch eine Art Planetarium hinzu, das er mit unsagbarer Detailverliebtheit baute: Die Lämpchen, die einzelne Sterne zum Leuchten brachten, waren so winzig, dass sie in (gesäuberten) Minen von Kugelschreibern Platz hatten. Das Ganze wurde mit hunderten Kabeln mit einer weiteren Scheibe verbunden, auf die er die Schaltknöpfe montiert hatte. Diese ausführliche Schilderung der Tätigkeit meines Großvaters ist notwendig, weil ich von ihm jenen Fotoapparat geschenkt – oder zumindest überlassen – bekam, mit dem ich das nächste Vierteljahrhundert all jene Aufnahmen machte, von denen sich eine Auswahl in diesem Buch befinden. Diese Canon F1 war das einzige Gerät, das er für seine Zwecke für geeignet hielt: nämlich jene Sternbilder, die er auf seinem Planetarium per Knopfdruck zum Aufleuchten brachte, so wirklichkeitsgetreu und unverzerrt wie möglich aufzunehmen. Als er jedes einzelne Sternbild abgelichtet hatte, war für ihn der Gebrauch dieser für damalige Verhältnisse sündteuren Kamera obsolet.
Das war mein Glück.
Später kam ich zur Erkenntnis, dass auch eine Kamera, die man nicht immer vor dem Bauch trägt, etwas sehr Praktisches sein kann (oder besser: die Werbung redete mir ein, dass ein zweiter oder dritter Fotoapparat durchaus brauchbar ist). Und so kam zur Canon F1 eine Taschenkamera, erst die Olympus XA2, die sich durch ein besonders lichtstarkes Objektiv auszeichnete, dann ein Produkt der gleichen Marke (Infinity Twin), das erstmals ein Doppelobjektiv eingebaut hatte, mit dem man Objekte näher heranholen konnte, dafür war die Kamera fast doppelt so dick, und schließlich, als die Hosentaschen ausgebeult waren, kam eine Olympus Stylus an die Reihe, noch schmaler und praktischer als alle Vorgänger. Sie war die quintessentielle »point-and-shoot« Kamera, wie sie die Amerikaner nannten, für alles, was einem zwischendurch vor die Linse rannte und das man schnell festhalten wollte.
Viele Jahre später konnte auch ich an der Digitalisierung der Fotografie nicht vorübergehen, und so schaffte ich mir erst eine Sony Cybershot an, mit einem kleinen Bildschirm auf der Rückseite, dafür aber noch ziemlich unhandlich. Und dann das Nachfolgemodell, das nur halb so dick, dafür aber mit mehr Megapixel und einem größeren Bildschirm ausgestattet war. Für professionelle Aufnahmen waren die nicht geeignet, aber ich hatte immerhin wieder ein Fernrohr mit einem Adapter ausgerüstet und war so in der Lage, Sonne, Mond und Sterne (richtiger: Planeten) in großem Detailreichtum zu fotografieren.
Der bislang letzte Fotoapparat war und ist eine Spiegelreflex-Kamera Nikon D5000, mit der man wieder Aufnahmen erzielen kann, die den Standard der alten Canon F1 erreichen. Alles, was Sie auf den kommenden Seiten sehen, habe ich selbst fotografiert (mit ganz wenigen Aufnahmen, etwa wo ich selbst im Bild bin), manches sieht tatsächlich professionell aus, viele Fotos sind, im doppelten Sinn des Wortes, aufgenommen worden, eben weil ich dabei war und mir dieses Ereignis wichtig erschienen ist.

Ortstafelkonflikt 1972

Im September 1972 und in den Monaten danach leistete mir die Agfa Iso Rapid erstmals so etwas wie semi-professionelle Dienste. Ich hatte zufällig davon erfahren, dass eine Gruppe von Südkärntner Männern (damals waren bei solchen Aktionen tatsächlich noch keine -Innen dabei ...) vereinbart hatte, die erst vor wenigen Tagen aufgestellten zweisprachigen Aufschriften in der Nacht abzumontieren. So wie man Bundeskanzler Bruno Kreisky vorwarf, die Ortstafeln in einer »Nacht-und-Nebel-Aktion« aufgestellt zu haben, so wollte man sie unter den gleichen zeitlichen wie atmosphärischen Bedingungen auch wieder entfernen. Zur Unterstützung meines Gedächtnisses helfen mir dabei nicht nur die damals geschossenen Fotos, sondern auch eine Art »Tagebuch«, das ich über die Ereignisse jener Zeit verfasst und aufgehoben habe.
Do. 28. September, 22 Uhr 30: St. Veit im Jauntal. Je zwei bewachende zivile Beamte am Ortsanfang und -ende. Frage: »Was machen Sie da?« »Wir bewachen die Tafeln!« »Machen Sie das privat?« »Nein, wir sind von der Gendarmerie. Aber warum fragen Sie?« »Ich bin von der Presse!« »Ham S' an Ausweis?« »Nein, ich frag Sie ja auch nicht nach Ihrem Ausweis; gibt's irgendwas Besonderes?« »No ja, vorher waren zehn Leute da und wollten die Tafeln wegnehmen. Aber das haben wir verhindert.«
In den folgenden Tagen kam es überall in Südkärnten zu »Ortstafel-Aktionen«: Entweder man schraubte die Hinweisschilder vor den Augen der Gendarmen, die sie bewachen (sollten), ab, oder man fand welche, die den Augen der Gesetzeshüter entgangen waren. Wenige Tage später wurden wieder neue montiert, aber das gleiche Spiel der Ortstafel-Stürmer wiederholte sich.

Und so findet sich in meinem Tagebuch folgende Eintragung: »Am 25. Oktober 1972 mussten einige Gendarmeriebeamte, die die zum dritten Mal aufgestellten zweisprachigen Hinweisschilder bewachen, Hiebe und Schläge einstecken, weil sie (›irgendwas muss schließlich geschehen‹) einen der Rädelsführer mitnehmen wollten. Das musste angesichts der Überzahl der Demonstranten ein aussichtsloses Unterfangen werden. Durch die bisher geübte Passivität der Beamten moralisch aufgerüstet, stürzen sich gleich 50 durchwegs junge Leute auf die verdutzten Ordnungshüter und entreißen ihnen den ›Verhafteten‹ und, quasi als Trophäen, ein paar Handschellen und die Armbanduhr des Kommandanten.« Danach montierten sie die Tafeln ab und zogen nach dem Absingen des Kärntner Heimatliedes wieder von dannen.

Zweisprachige Ortstafeln werden abmontiert
Südkärnten 1972

Ortstafel-Demontage, Südkärnten 1972

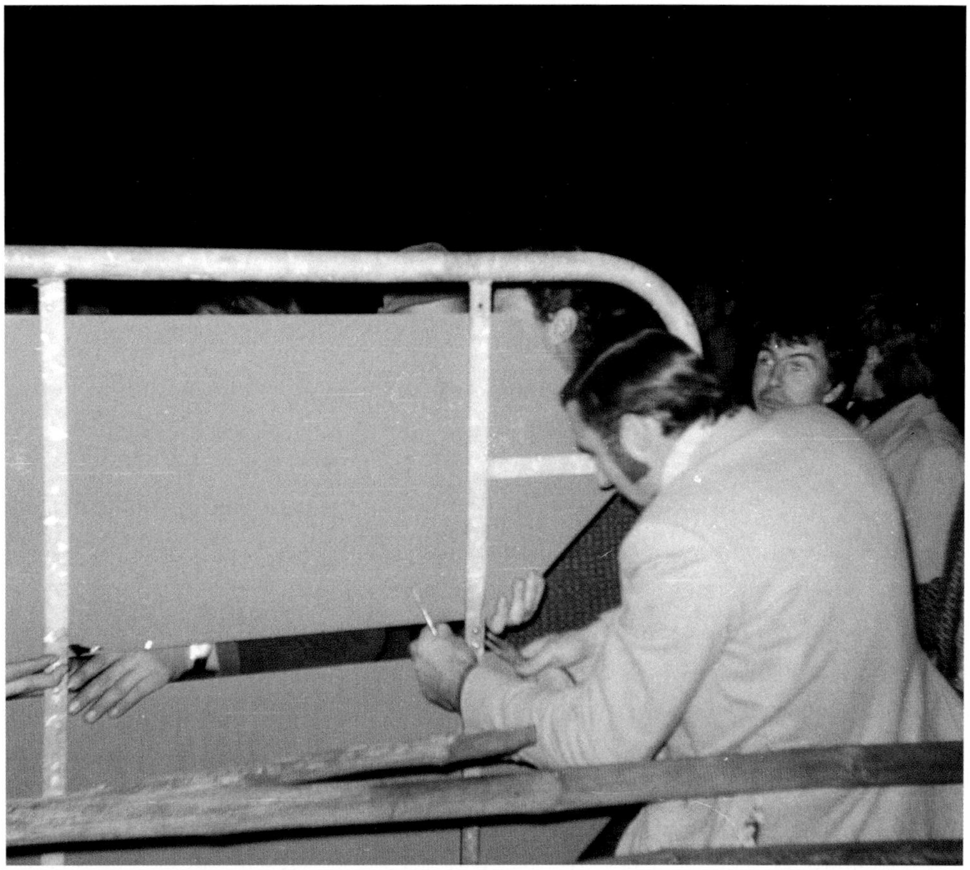

Freudenkundgebung nach geglückter Ortstafel-Demontage, 1972

Die Stimmung im Lande verbesserte sich danach trotzdem nicht: Rechtsradikale, die nie ausgeforscht wurden, schmierten Nazi-Parolen auf Straßenbrücken und Transformatoren, und wo immer der damalige Landeshauptmann Hans Sima auftauchte (der das Ortstafel-Gesetz umgesetzt hatte), sah er sich mit Hassparolen oder, schlimmer noch, mit faulen Eiern konfrontiert. Bruno Kreisky, der als Bundeskanzler mit der Überraschungsaktion den Unmut eines Teils der Bevölkerung ausgelöst hatte, stellte sich im Oktober 1972 seinen Kritikern.

Es war jenes Ereignis, das durch den Ausspruch Kreiskys berühmt wurde: »Ein Bundeskanzler verlässt ein Gebäude nicht durch die Hintertür.« Dass ihm diese Möglichkeit überhaupt angeboten wurde, verdankte er den Demonstranten, die sich vor der Klagenfurter Arbeiterkammer aufgestellt hatten und dem Kanzler lautstark – um nicht zu sagen: brüllend – klarmachen wollten, was sie von ihm und der Ortstafellösung hielten. Aber noch war der Bundeskanzler im Saal. Auch in diesem Fall muss ich mich nicht auf mein Gedächtnis verlassen, sondern kann auf schriftliche Unterlagen zurückgreifen, die ich mir von dieser Veranstaltung aufgehoben habe.

»Dr. Bruno Kreisky, seit zwei Jahren unumstrittener Herrscher der österreichischen Innenpolitik, übte Selbstkritik: ›Da muss auch bei uns etwas falsch gemacht worden sein‹, sagte er zu den 1200 Delegierten auf einer sozialistischen Vertrauensmänner-Konferenz in Klagenfurt am Wörthersee. Und einige von ihnen hatten es vor ihm noch deutlicher gesagt. Aber was hatte man offensichtlich falsch gemacht? Im Juni 1972 verabschiedete das Parlament ein Gesetz, das auf Grund des Staatsvertrages von 1955 die Gemischtsprachigkeit von topografischen Aufschriften in Gebieten mit slowenischer (Kärnten) bzw. kroatischer (Burgenland) Minderheit regelt. Drei Bundesregierungen hatten sich vor Kreisky schon an die Erfüllung des Artikels 7 herangewagt, doch jedes Mal, wenn ihnen die Sache zu heiß wurde, ließen sie sie wieder fallen. Als im Vorjahr slowenische Studenten aus Kärnten die Eigeninitiative ergriffen und in einigen Orten zu der deutschen Bezeichnung auf der Ortstafel die slowenische hinzufügten, wurde auch die erste sozialdemokratische Regierung Österreichs auf dieses Problem aufmerksam …«

Im Herbst 1972 wurden 204 slowenisch-deutsche Ortstafeln und Hinweisschilder aufgestellt, und, wie oben beschrieben, von wütenden Bürgern Unterkärntens regelmäßig wieder entfernt. Kreisky wollte mit seinem Erscheinen in Klagenfurt nicht nur zeigen, dass er sich seinen Kritikern stellte, sondern auch Ruhe einkehren lassen. »Ich bin nicht hierhergekommen, um jemanden zu verurteilen, wohl aber kommt es drauf an, die Dinge gründlich zu prüfen, ehe man nachgibt.« Als er dann erwähnte, sein Vorgänger (Josef Klaus) habe sich bemüht, das Klima mit dem benachbarten Jugoslawien zu verbessern, drangen von draußen Pfiffe in den Veranstaltungssaal. »Sollen wir uns von ein paar pfeifenden Gassenbuben die guten Beziehungen zu unseren Nachbarstaaten stören lassen?«, wich Kreisky von seinem Manuskript ab, sorgte damit aber nur für größeren Unmut. Dann machte der Bundeskanzler Vorschläge, wie er sich die Lösung des Problems vorstellte. Unter anderem wollte er die Ortstafeln mit rot-weiß-roten Streifen und den Kärntner Farben versehen lassen. »Es wird eine Lösung geben, die auf die Gefühle der Kärntner Rücksicht nimmt, aber auch den Verpflichtungen des Staatsvertrages und der europäischen Gesinnung entspricht.« Doch bis es so weit war, hat Kärnten immer wieder Schlagzeilen gemacht, aber nicht so, wie sich das die Mehrheit der Bewohner gewünscht hätte: Nach dem Ortstafelsturm kam es zu Schmieraktionen, bei denen etwa Transformatoren, öffentliche Gebäude und Brücken mit eindeutigen Parolen versehen wurden.

Beschmierungen nach dem Ortstafelsturm, 1972

Es gab nicht nur nazifreundliche Aufschriften, auch die Slowenen machten mit Hinweisen auf den unerfüllten Staatsvertrag von sich reden. Schlimmer wurde es, als ein frisch errichtetes Denkmal, das an den Widerstandskampf der Partisanen gegen Hitler-Deutschland erinnerte, in einer Nacht gesprengt wurde, oder als vor der Sprachenzählung 1976, mit der Kreisky wieder einmal das Problem lösen wollte, Sprengsätze auf Bahngleisen und vor einem Gebäude in Völkermarkt gezündet wurden. So betrachtet kann die jetzt in Kärnten erzielte Einigung auf zweisprachige Ortstafeln und die Förderung slowenischer Organisationen nicht hoch genug eingeschätzt werden.

Im Jahre 2009 wurde ich am Vorabend des österreichischen Nationalfeiertags vom Slowenischen Kulturverein »Zarja« in Bad Eisenkappel/Železna Kapla eingeladen, über die Volksgruppenproblematik zu sprechen. Dabei wollte ich unter anderem auf das Versagen der österreichischen Politik in dieser Frage hinweisen: Das bezieht sich nicht nur auf die aktuelle Politikergeneration, die ja im Wesentlichen ein Problem geerbt hat, sondern auch und vor allem auf jene Politiker seit 1955, die durch aktive Unterstützung (oder durch Unterlassung) dazu beitrugen, dass sich die beiden Volksgruppen zeitweise voneinander entfernt oder im besten Fall nicht angenähert haben.

Ich war selbst überrascht, als ich auf der Suche nach den Unterlagen zu diesem Thema ein Kuvert fand, das mein Vater in seiner Handschrift mit »Slowenenproblem« überschrieben hatte.

Und darin waren mehrere Zeitungsartikel aus den Jahren 1959 und 1964 enthalten, also lange bevor die Volksgruppenproblematik so richtig an die Öffentlichkeit gespült worden war.
Diese Artikel zeigen sehr aufschlussreich, in welchem Umfeld – auch was die Medien betrifft – die Kärntner Slowenen in den Jahren nach dem Staatsvertrag 1955 lebten. Die »Kleine Zeitung« vom 18. März 1959 – also vor mehr als 50 Jahren – berichtete über die Auseinandersetzung um das neue Schulgesetz, das dem verpflichtenden zweisprachigen Unterricht in Südkärnten ein Ende bereitete. »Die Reden, die am Dienstag in einer Protestversammlung der slowenischen Organisationen in der Arbeiterkammer gehalten wurden, waren nicht gerade dazu angetan, dem Ansehen Österreichs und dem Frieden zu dienen«, heißt es gleich in den ersten Zeilen. Und weiter: »Es fehlte nicht an handfesten Drohungen gegen die beiden Großparteien, denen sowohl die christlichen Slowenen als auch die linksradikalen (sic!) vorwarfen, sie würden die Minderheit nur kennen, wenn es Wahlen gebe.«
In der gleichen Ausgabe der »Kleinen Zeitung« erschien noch ein weiterer Artikel, der sich mit dem zahlenmäßigen Niedergang der slowenischen Volksgruppe in Kärnten befasste. In diesem umfassenden Bericht sind ein paar hochinteressante, wenn auch historische, Zahlen enthalten: So waren im Jahre 1880 in Velden am Wörthersee 15,2 Prozent, in Maria Wörth 2,1 Prozent, in St. Kanzian gar nur 1 Prozent und in Eberndorf 8,8 Prozent – und jetzt kommt der Clou! – »Deutsche gemeldet, bei der Volkszählung 1951 besitzen (die beiden letztgenannten Gemeinden) bereits deutsche Mehrheiten.« (Man beachte, dass damals offenbar kein Unterschied zwischen »Deutschen« und »Deutschsprachigen« gemacht wurde …)
Der (ungenannte) Autor liefert auch gleich eine Erklärung an: Für ihn sind es »wirtschaftliche Gründe, die auch in der geringen Geburtenzahl ihren Ausdruck finden, nicht zuletzt die Landflucht, die die letzten Ursachen für den Rückgang der slowenischen Volksgruppe sind.«
Fünf Jahre später – wir sind jetzt im Jahr 1964 – findet sich in der Tageszeitung »Die Presse«, die mein Vater ebenfalls aufgehoben hatte, ein ausführlicher Bericht von Felix Gamillscheg über die Kärntner Slowenen. Darin heißt es zum Thema »zahlenmäßige Stärke der Volksgruppe«: »Was tut es wirklich, ob sich nun 15 000, 25 000 oder gar 50 000 Menschen zur Minderheit zählen und bei der Feststellung ihre Stimme abgeben? Muss Österreich nicht schon wegen des Gegenrechts, das es in Südtirol fordert, alles tun, um die Slowenen zufriedenzustellen?« Dieser großzügige Ansatz war – um bei diesem Terminus zu bleiben – schon damals eine Minderheitenfeststellung.

Orts-(tafeldebatten)-Ende: das Objekt der Begierde im Bundeskanzleramt, wo die Einigung auf die Ortstafellösung gefeiert wird, Wien 2011

Bruno Kreisky

Will man in Wien mit der Politik in engeren Kontakt treten, so bietet sich dafür der Festaufmarsch am 1. Mai an – plötzlich erscheinen all die wichtigen Männer der Sozialdemokraten (und gelegentlich auch Frauen, zu jener Zeit jedenfalls noch viel weniger davon) an einem Ort: dem Rathausplatz. Und weil die SPÖ zu jener Zeit die Alleinregierung stellte, waren sie gleichzeitig auch die Macher des Staates: Bruno Pittermann, der den Kampf um den Parteivorsitz gegen Bruno Kreisky verloren hatte, aber als Klubobmann im Parlament noch einige Zeit politisch überlebte, oder eben Kreisky selbst, und die zwei Männer, die – vielleicht noch nicht damals, aber bald danach – als die Kronprinzen des »Sonnenkönigs« galten: Hannes Androsch und Leopold Gratz.

Bruno Kreisky schwenkt ein rotes Tüchlein, Gesundheitsministerin Ingrid Leodolter ist nur mäßig erfreut, Wien 1972

Bruno Pittermann, ehemaliger SPÖ-Vizekanzler, 1. Mai 1972

Die Kronprinzen Hannes Androsch und Leopold Gratz blicken skeptisch auf die 1.-Mai-Parade, Wien 1972

Zu jener Zeit, als der Ortstafelkonflikt dahinköchelte, wurde ich 1974 in der Radio-Innenpolitik des ORF aufgenommen. Natürlich muss man sich als Neuling ganz hinten anstellen: So gehört die Zusammenstellung der »Presseschau« (Auszüge aus Leitartikeln der wichtigsten Tageszeitungen) nicht zu den prestigeträchtigsten Aufgaben, damit wurden aber Anfänger oft in die Tagespolitik beim Hörfunk eingeschult. Danach ging es dann häufig ins Parlament, wo man zuerst als »Beiwagen« Erfahrungen sammelte, also als Beobachter weniger der Sitzungen selbst als der Kollegen, die die Beiträge gestalteten. Und man lernte die Regierungsmitglieder und die Abgeordneten kennen – wenn auch anfangs nur aus der Distanz.

Aus der Radiokoje hat man einen guten Blick auf die Regierungsbank, und wenn der damalige Handelsminister Josef Staribacher einen kritischen Blick auf seinen Kollegen in der Landesverteidigung wirft (Karl Freiherr Ferdinand von Lütgendorf – eine nicht unumstrittene Personalentscheidung Bruno Kreiskys), oder Heinz Fischer, zu dieser Zeit Klubobmann der SPÖ, ziemlich vereinsamt die Abgeordnetenbank drückt, freut man sich einige Jahrzehnte später über historische Aufnahmen, wenn man genau zu diesem Zeitpunkt auch einen Fotoapparat mitgenommen hat.

Heinz Fischer, fast allein zu Hause, 1976

Verteidigungsminister Lütgendorf, von Minister Josef Staribacher kritisch beäugt

Meine Erfahrungen mit der besonderen Kärntner Problematik führten später dazu, dass ich immer wieder Beiträge zu diesem Thema verfasste. Die politisch bedeutendste Person jener Zeit war unumstritten Bruno Kreisky. Wer damals in der innen-, aber auch außenpolitischen Berichterstattung tätig war, kam um ihn nicht herum. Dafür hatte er nicht zuletzt mit den regelmäßigen Pressefoyers nach dem Ministerrat gesorgt. Der Dienstag war so zum »Kreisky-Tag« geworden. Ab zehn Uhr vormittags versammelte sich die Creme der Journalisten im Steinsaal des Bundeskanzleramtes, um auf das Ende der Regierungssitzung zu warten. Kreisky liebte das Tauziehen mit den Medienleuten. Im Unterschied zu heute ließ der Bundeskanzler die Berichterstatter ganz nahe an sich heran, die zwei Staatspolizisten, die uns (und ihn) im Auge behielten, standen immer diskret im Eck. Gelegentlich begann er einen Monolog mit dem legeren »No, was hamma heute?«, wobei er die Antwort darauf meist selbst gab. Erst wenn er fertig war, durften Fragen gestellt werden.

Bruno Kreisky, wie wir ihn kannten: im Nadelstreif nach dem Ministerrat, umringt von Journalisten, Wien 1983

Auf einer Tonbandkassette habe ich mir einige der damaligen Beiträge herauskopiert – dabei fällt mir auf, dass damals im gleichen Ausmaß langsamer und auch länger gesprochen wurde. Berichte aus dem Bundeskanzleramt konnten schon einmal fünf Minuten lang sein, auch wenn sie so aufregende Themen wie »Dürfen Dienstautos – entsprechend des Zweiten Abgabenänderungsgesetzes – mehr als 105 000 Schilling kosten?« beinhalteten. Kreisky, mit tiefster Stimme: »Ich glaube, dass es sich hier um eine ausgeprägte Demagogie handelt.« Künstlerpause. »Erstens ist einmal dazu zu sagen, dass die Zahl der Dienstwagen [Pause] die unter die Hoheitsverwaltung fallen, insgesamt seit der Regierung Klaus um 25 Prozent gesunken ist. Ich habe das seinerzeit angekündigt – und das angesichts einer Verdoppelung der Zahl der Automobile in Österreich …« Zweitens, nein, das würde zu weit (in die Vergangenheit) führen.

Mitte der 1970er Jahre wollte Kreisky mit einem besonderen Projekt reüssieren. Österreich sollte eine eigene PKW-Produktion aufziehen, und um dabei erfolgreich zu sein, sollten diese Fahrzeuge auch einen besonderen Namen tragen. Mit weniger als »Austro-Porsche« wollte sich Kreisky aber nicht zufriedengeben. Er baute dabei auf das Naheverhältnis, dass die Familie Porsche-Piëch zu ihrem alten Heimatland hatte, auch wenn sie ihr Geld vorwiegend in Stuttgart verdiente. Ich wollte der Frage auf den Grund gehen und rief Ferdinand Piëch, den damaligen obersten Porsche-Chef, an. Von ihm erfuhr ich, dass er gegen das Projekt sei: »Man unterstellt uns, dass Audi [ebenfalls zur VW-Porsche-Familie gehörend] Angst hätte vor einem Konkurrenzprodukt. Ich sehe es ein wenig anders. Wir entwickeln in dieser Klasse ganz klar unsere Zukunftsprojekte, nur haben wir vor, erheblich höhere Stückzahlen auf den Markt zu bringen, und das beeinflusst ganz wesentlich den Preis. Ich sehe aus diesen Gründen und dem fehlenden Vertriebsnetz keine Chance, von Österreich aus ein solches Produkt auf dem Weltmarkt zu lancieren …« Am darauffolgenden Dienstag reagierte Bruno Kreisky auf seine ganz spezielle Art: »Ich möchte sagen, dass der Herr Piëch einer der Mitaktionäre, seine Familie ist Mitaktionär von Porsche, das zeigt die ganze Problematik. Er ist der Mann, der das Konkurrenzprodukt entwickelt, und daher die Argumentation verständlich ist, von seinem Standpunkt aus. Er ist das Hindernis dafür, das hat man uns ja nicht mitgeteilt, das hat überhaupt nichts damit zu tun, da ja nicht die Regierung die Autofabrik baue … ihm, ihm ist halt ein neues Argument eingefallen, weil ihm das eine zu wenig eindrucksvoll erscheint, nämlich dass er aus Konkurrenzgründen durchgesetzt hat, dass dieser Wagen nicht von dem vertrieben wird, der seinen Wagen vertreibt. Also, das ist so sichtbar.« Sichtbar und klar.

Das Projekt – das wird heute niemanden überraschen – scheiterte, war aber ein ganz wichtiger Auslöser für die aufstrebende österreichische Automobil-Zuliefer-Industrie. Ohne den Anstoß, den Kreisky mit seinem Porsche-Projekt damals gab, wäre dieser Bereich wahrscheinlich nicht zu einer der wichtigsten Export-Industrien Österreichs geworden.

Kreisky war berühmt dafür, seine Gesprächspartner abzukanzeln, also ohnehin ganz im Sinne seiner Funktion in der Bundesregierung. Im Zusammenhang mit der lebhaften Diskussion, ob Österreich sein fast fertiggestelltes Kernkraftwerk in Zwentendorf in Betrieb nehmen solle, hatte ich einmal folgenden Dialog mit dem Bundeskanzler:

EF: »Der Handelsminister hat gestern die jüngsten Zahlen der Energiestatistik bekannt gegeben und aus denen geht hervor, dass im abgelaufenen Jahr um vier Prozent weniger Energie eingeführt worden ist bzw. um zweieinhalb Prozentpunkte weniger Strom verbraucht wurde als ursprünglich angenommen. Auf Grund dieser Tatsachen,

so hat das Wirtschaftsförderungsinstitut errechnet, bestünde bis zum Jahr 1985 überhaupt keine Notwendigkeit, das Kernkraftwerk in Betrieb zu nehmen.«
Kreisky: »Das weiß ich nicht, ich kenne diese Berechnungen nicht. Ich kann nur sagen, das war eine gedrosselte wirtschaftliche Aktivität im vergangenen Jahr, die nicht unbedingt das Modell für künftige Entwicklungen sein muss.«
EF *(leise)*: »Aber wäre das nicht anzustreben, ein geringerer Energieverbrauch?«
Kreisky *(lauter)*: »Nein, angesichts der Tatsache, dass es unser zentrales Problem ist, die Vollbeschäftigung zu halten, wäre das nicht anzustreben.«
EF: »Aber angesichts der Tatsache, dass gerade in jenen Ländern, in denen Kernkraftwerke in großer Zahl vorhanden sind, eine besonders hohe Zahl an Beschäftigungslosen zu verzeichnen ist, ist das doch eher ein Widerspruch.«
Kreisky *(schon sehr laut)*: »Das ist eine demagogische Formulierung, entschuldigen Sie schon, weil das eine mit dem anderen nicht zusammenhängt. In diesen Ländern gibt es eben eine Wirtschaftspolitik, die mit dieser Arbeitslosigkeit nicht fertig werden konnte. Das hat aber nichts mit den Energiequellen zu tun. Es gibt nämlich Länder wie England, in denen es Energiequellen, wie wir sie haben, gar nicht gibt. Net wahr. Dort ist man also angewiesen auf ganz bestimmte Energie, nämlich auf die Kernenergie … das hat damit überhaupt nichts zu tun.«
EF *(fast unhörbar)*: »Die Bundesrepublik Deutschland spricht eher für unser Beispiel.«
Kreisky *(wieder um vieles lauter)*: »Was?? Die Bundesrepublik hat eine Million Arbeitslose und hat, wie Sie genau wissen, nur einen kleinen Prozentsatz von Kernenergie!«
So, und jetzt ist Schluss. Nur ein kurzer historischer Annex: Über die Inbetriebnahme von Zwentendorf ist im Jahr 1978 abgestimmt worden. Kreisky hatte damit gedroht (andere würden sagen: er versprach) zurückzutreten, wenn die Abstimmung negativ ausgeht. 50,3 Prozent der Österreicher stimmten gegen die Inbetriebnahme, 49,7 dafür. Kreisky blieb Bundeskanzler.

Anwar Al-Sadat, Bruno Kreisky und Shimon Peres auf einer Pressekonferenz in Wien 1978

Seine geheime Liebe aber gehörte der Nahost-Politik. Immer wieder äußerte er sich kritisch zu Israel, sein Verhältnis zur israelischen Ministerpräsidentin Golda Meir, die ihm nach einem Treffen in Wien einmal vorwarf, ihr »nicht einmal ein Glas Wasser angeboten zu haben«, war legendär. Nur mit dem Chef der Arbeiter-Partei in Israel, Shimon Peres, verstand sich Kreisky gut. Ihn lud er zu einem Treffen ein, an dem auch der ägyptische Staatspräsident Anwar Al-Sadat teilnahm. Mit Sadat hatte Kreisky eine enge Beziehung aufgebaut, er war es auch, der ein Jahr später den ersten Friedensvertrag eines arabischen Landes mit Israel vor dem Weißen Haus in Washington unterzeichnete.

Während meines ersten USA-Aufenthaltes erlebte ich Bundeskanzler Kreisky zweimal aus nächster Nähe. Einmal interviewte ich ihn in Wien für das »Austrian Information« Magazin, ein monatliches Kompendium vorwiegend für Auslandsösterreicher in den USA, das ich damals redigierte. Mit Wolfgang Petritsch, seinem Pressesekretär, verkürzte ich mir die Wartezeit im Vorzimmer der Macht mit einem Blick in ein »Playboy«-Magazin, das ich ihm extra aus den USA mitgebracht hatte (die Zeitschrift, das wussten die wenigsten und wahrscheinlich war es auch den meisten egal, hatte immer hervorragende, ausführliche Interviews mit bedeutenden Persönlichkeiten und, zweite Ausrede, auch besonders lustige Karikaturen …).

Danach bat mich Kreisky in sein Arbeitszimmer und wir sprachen fast eine dreiviertel Stunde über Gott und die Welt, oder zumindest über die Welt, wie sie sich damals präsentierte: Über Polen war gerade das Kriegsrecht verhängt worden (Kreisky: »Es ist klar, dass die polnische Regierung gegenüber dem Westen zu argumentieren versucht, dass das immer noch besser ist als eine militärische Intervention durch die Sowjetunion …«), Kreisky hatte kurze Zeit zuvor der Palästinensischen Befreiungsbewegung PLO seine Unterstützung zugesagt (»Ohne mit der PLO zu verhandeln, wird es keine Lösung des Nahostkonflikts geben«) und Österreich kämpfte, wie viele andere Industriestaaten, mit einer Rezession. (Nur zum Vergleich mit heute – Kreisky: »Unsere Inflationsrate beträgt rund 6 Prozent, das ist also auch sehr niedrig …«) Aber der Bundeskanzler scheute auch nicht davor zurück, einen Kommentar über die amerikanische Wirtschaftspolitik unter Ronald Reagan abzugeben. Er wolle Reagan nicht kritisieren, das sei nicht seine Aufgabe, sagte Kreisky, aber es gebe einen großen Unterschied zwischen einer konservativen und einer sozialdemokratischen Politik. Und trotz des Respekts, den er für

Margit Schmidt, Eugen Freund, Wolfgang Petritsch im Vorzimmer des Bundeskanzlers, 1983

Genaues Aktenstudium (oder ist es Aktestudium?)

Eugen Freund interviewt Bundeskanzler Kreisky, 1983

Reagan, sein Amt und seine Persönlichkeit habe, teile er nicht seine wirtschaftspolitischen Ansichten. Wie wenig er das tat, machte er auch im Januar 1982 deutlich. In einer Rede in der Wiener Stadthalle zog Kreisky einen Vergleich zwischen der Behandlung der polnischen Gewerkschafter nach Ausrufung des Kriegsrechts und der Art, wie Ronald Reagan mit den Fluglotsen umging: Er warf einige Tausend einfach raus, weil sie als Gewerkschaftsmitglieder ungleich stärker waren als »freie« Fluglotsen. Wie glaubwürdig kann so jemand sein, rief Kreisky seinen Zuhörern zu, der so handelt und sich gleichzeitig für Gewerkschaftsrechte in Polen stark macht.

Ich gehe mit einiger Sicherheit davon aus, dass Kreisky Reagan all das bei seinem offiziellen Besuch in Washington im Februar 1983 nicht vorhielt. Aus dem Protokoll geht nur hervor, dass Kreisky ausdrücklich darauf hinwies, dass »die Beziehungen zwischen Österreich und den Vereinigten Staaten reibungsfrei« seien. Und Ronald Reagan ließ von seinen Redenschreibern ausdrücklich die Passage einfügen, dass sein Gegenüber »ein Mann mit außerordentlicher Erfahrung in internationalen Angelegenheiten« sei. Darauf wollte auch Sandi Freeman hinaus, die Kreisky unmittelbar nach dem Abendessen in ihre prominente CNN-Show einlud. Der Bundeskanzler kam im Smoking und distanzierte sich auch gleich davon – normalerweise lege er keinen Wert auf solche Staatsempfänge, in Wien würde er sie vermeiden, wenn es nur irgendwie gehe. Sandi Freeman wusste, dass Kreisky neben Nancy Reagan, der Frau des Präsidenten, gesessen hatte und sie war neugierig zu erfahren, was die beiden besprochen hätten. In breitestem wienerischen Englisch erläuterte Kreisky: »Es war nur eine kurze Unterhaltung, es waren einfach so viele Menschen – sie war am selben Tisch mit mir, das war eine große Ehre, aber ich hatte nicht viel zu sagen …«

SF: »… nicht viel Gelegenheit … Es ist sehr schwierig bei Abendessen und Cocktail-Partys …«

Kreisky: »Ja, gewöhnlich mag ich ja diese Dinner-Partys nicht, aber diesmal, wegen der besonderen Umstände, habe ich die Einladung angenommen. In Wien etwa verweigere ich mich dieser Art von Abendessen …«

SF: »Dafür haben Sie einen schwierigen Zwölf-Stunden-Tag zu bewältigen.«

Kreisky: »Ja, zwölf, manchmal auch mehr …«

Aber mit Reagan, so erzählte der Bundeskanzler, habe er eine wirklich gute Aussprache gehabt. Das mag vielleicht auch damit zusammenhängen, dass ihre Geburtstage nur 15 Tage auseinander liegen …

Gegenüberliegende Seite: Bruno Kreisky, 1983

Erdbeben in Friaul

6. Mai 1976, 9 Uhr Abend. Ich bin im Parlament, um für das Morgenjournal über die laufende Sitzung zu berichten. Plötzlich bewegen sich die Luster, Gläser klirren, das Gebäude schaukelt, wenn auch nur leicht. Bis die Meldung über das schwere Erdbeben in Friaul über die Nachrichtenagenturen zu uns gelangt, vergehen noch einige Stunden. Am nächsten Tag ist das ganze Ausmaß der Katastrophe bekannt: Tausend Menschen sind ums Leben gekommen, einige Zehntausend verletzt und obdachlos. Weil ich als Kärntner mit der Gegend vertraut bin, melde ich mich zu einem Lokalaugenschein. Schon kurz nach der österreichisch-italienischen Staatsgrenze sind erste Schäden zu erkennen. Auf der Bundesstraße liegt immer wieder Geröll, das von den steil aufsteigenden Bergen nach unten gedonnert ist. Etwas näher zum Epizentrum sehe ich einen riesigen Felsblock auf den Schienen der Eisenbahn liegen, die Wien mit Rom verbindet. Größere Schäden an Gebäuden sind in den kleineren Orten entlang der Straße zu erkennen, aber erst als sich das Tal ausbreitet und die Stadt Gemona in Sicht kommt, sehe ich, was das Beben angerichtet hat: Häuser, an denen ganze Fassaden fehlen, und viele, viele Gebäude, deren Existenz man nur erahnen kann, denn dort, wo sie einmal standen, türmen sich jetzt Ziegel- und Steinhaufen auf. Erste Feldküchen sind eingerichtet, sogar österreichische Helfer sind schon eingetroffen. Das große neue Krankenhaus der Stadt, das in wenigen Wochen hätte eröffnet werden sollen, ist schwer beschädigt.

Drei Monate später fahre ich nochmals für den ORF nach Friaul. Es ist deprimierend: Rasch zusammengezimmerte Bauhütten stehen überall verstreut herum, sie bieten den Überlebenden eine mehr als notdürftige Unterkunft. Andere Bewohner haben den Schutt um die ehemalige Heimstätte zur Seite geräumt, und die Balken, die früher den Dachstuhl gebildet haben, verwenden sie nun als Abdeckung für das Kellerabteil, in das sie sich zurückgezogen haben. Neben der Straße entdecke ich ein neun- oder zehnjähriges Mädchen, von dem ich erst annehme, das es sich vom regen Durchreiseverkehr unterhalten lässt. Als ich näherkomme, sehe ich, dass es ein Blatt Papier in der Hand hält, auf dem das Drama dieser Gegend festgehalten wurde: Mit schwarzem Stift sind die Umrisse eines Gebäudes zu erkennen – sie versucht das Bild zu verkaufen. Aber wer das Elend dieser Region gesehen hat, der wird nicht auf die Idee kommen, dass hier mit dem Beben Geschäft gemacht wird.

Die sprichwörtliche Improvisationskunst der Italiener hat hier versagt – niemand muss auf der Straße schlafen, aber von einem Wiederaufbau ist nicht viel zu erkennen. Lediglich dort, wo an den Häusern nur kleinere Schäden, kleinere Löcher von vielleicht einem Quadratmeter entstanden waren, sind diese notdürftig geflickt worden. Allerdings, die Verkaufsbuden, die es entlang dieser beliebten Reiseroute in den Süden immer gegeben hat, sind auch jetzt wieder da – und Lederjacken, Schuhe und Keramik werden so feilgeboten, als wäre nichts geschehen. Die Straßen sind ohnehin als erste repariert worden: Waren zu Beginn Brücken nur über Stufen, aber jedenfalls nicht für Autos passierbar, Ränder abgebröckelt, Spalten mit bis zu 20 Zentimeter Breite und mehreren Metern Länge unüberwindbare Hindernisse, ist davon nun nichts mehr, oder jedenfalls fast nichts mehr zu sehen. Dem Moloch Tourismus hat man schneller helfen können als den Obdachlosen von Gemona.

Die durch das Erdbeben unterbrochene Bahnstrecke, Friaul 1976

Österreicher helfen Erdbebenopfern, Friaul 1976

Bilder der Zerstörung, Friaul 1976

Mit dem Außenminister auf Reisen

Der Volksgruppenkonflikt in Kärnten hatte mich oft mit dem damaligen Leiter des Verfassungsdienstes im Bundeskanzleramt, Willibald Pahr, zusammengebracht. Ich als Berichterstatter über mehr oder weniger Fortschritte in der Frage, wie denn nun der Minderheitenstreit beendet werden könnte, er als eine jener Personen, die durchaus hinter den Kulissen an einer Lösung arbeiteten. Pahr wurde danach von Bruno Kreisky als Außenminister eingesetzt und fragte mich, ob ich mir vorstellen könnte, als sein Pressesekretär tätig zu werden. Ich konnte.

Mein erster Arbeitstag war der »Tag der Arbeit«, der 1. Mai 1978. Aber es begann gleich abenteuerlich: Statt mich in meinem neuen Büro zurechtzufinden, war der Abflug nach Mexiko, Venezuela sowie Trinidad und Tobago angesagt. Bis zu diesem Zeitpunkt hatte ich noch nie einen Außenminister auf einer Dienstreise begleitet, jetzt war ich plötzlich im engsten Beraterteam. Natürlich war ich zu Beginn in erster Linie vom Brimborium beeindruckt, ohne das offizielle Besuche nicht auskommen. Nach jeder Landung wird man in extra bereitgestellte Limousinen verfrachtet, alles muss – heute würde man sagen – *super*-schnell gehen, denn als erster steigt immer der Außenminister ein und fährt los, ohne dass Rücksicht darauf genommen wird, ob auch die anderen Mitglieder des Teams schon ihr Fahrzeug gefunden haben. In Venezuela wurden wir – wie auch in vielen anderen Städten – von einer eigenen Polizeistreife eskortiert, die grimmig aus dem Fenster blickte und jedes Fahrzeug, das auf der Stadtautobahn nicht zur Seite fuhr, um unseren Konvoi vorbeizulassen, mit der nach oben gerichteten Maschinenpistole zurechtwies. Neben den Gesprächen mit dem jeweiligen Außenminister gab es gelegentlich auch Treffen mit den Präsidenten des Landes, steife, offizielle Mittagessen mit genau überlegten Tischreden und – für mich der interessanteste und auch unterhaltsamste Teil einer derartigen Reise – die abendliche Einladung in der Residenz des österreichischen Botschafters, bei der sich immer Auslandsösterreicher und Persönlichkeiten des Besucherstaates zwanglos miteinander unterhalten konnten.

Rom, Paris, Helsinki, Madrid, Moskau waren einige der Stationen, doch der Höhepunkt dieser Reisen war der einwöchige Aufenthalt in New York. Während der UNO-Generalversammlung sprechen die Präsidenten, Ministerpräsidenten und Außenminister nicht nur vor den Vereinten Nationen, der fast wichtigere Teil sind die vielen bilateralen Treffen mit Kollegen aus der ganzen Welt. Dabei ersparen sie sich Tausende Flugmeilen, je drei oder vier Zusammenkünfte am Vor- und am Nachmittag stehen regelmäßig auf dem Programm. Die Termine sind genau eingeteilt, und auch wenn es im Hauptquartier der Vereinten Nationen doch einige Konferenzräume gibt, während der Wochen der Generalversammlung sind sie hoffnungslos ausgebucht. Da kann es dann schon vorkommen, dass ein Außenminister vor der Türe warten muss, weil Kollege A mit Kollege B noch zusammensitzt, obwohl die Zeit schon überschritten ist. Weil das aber immer wieder vorkommt, hält sich der Unmut darüber in Grenzen. Selten dauern diese Gespräche länger als zwanzig Minuten: Meist bespricht der Kabinettschef vorher mit dem Minister die anstehenden Themen, welche bilateralen Probleme bestünden oder zu lösen wären (einmal war es etwa ein inhaftierter Österrei-

Außenminister Willibald Pahr, die Botschafter Ludwig Steiner und Alfred Missong sowie Kabinettschef Anton Prohaska in Mexico City, 1978

cher, dessen Freilassung der Außenminister aus dem Staat X beschleunigen könnte, dann wiederum wird guter Wind für ein einheimisches Firmenengagement im Staat Y gemacht), in vielen Fällen werden aber internationale Probleme besprochen – das Nahostproblem etwa zog sich wie ein roter Faden über sämtliche Jahre, in denen ich an den Gesprächen teilnahm. Gelegentlich kam auch der Bundeskanzler nach New York, und auch da hatte ich die Möglichkeit, an den Gesprächen teilzunehmen (ohne mich einzumischen, natürlich). Und so lief mir die damalige indische Ministerpräsidentin Indira Gandhi vor die Kamera (sie wurde nur wenige Monate später von einem ihrer Leibwächter ermordet), und wenn Bundeskanzler Sinowatz zu seinen Gesprächen bei der UNO befragt werden musste, dann war das die Aufgabe des langjährigen ORF-USA-Korrespondenten Klaus Emmerich. Um die unterschiedliche Körpergröße der beiden einigermaßen auszugleichen und gleichzeitig auch noch das hohe UNO-Hauptquartier entsprechend ins Bild zu bekommen, standen die zwei einige Meter getrennt voneinander, das entsprach aber durchaus auch ihrer unterschiedlichen Ideologie.

Willibald Pahr und Edgar Faure, Paris 1979

Ex-Außenminister Peter Jankowitsch, Edgar Faure, Außenminister Willibald Pahr, Paris 1979

Kari Fischer, Österreichs Vertreter bei den Vereinten Nationen, New York 1983

Thomas Klestil, Willibald Pahr, US-Außenminister Cyrus Vance

Pressechef Ulf Pacher,
Kabinettschef Hans Knittel,
Außenminister Erwin Lanc,
New York 1984

Ministerpräsidentin Indira Gandhi, Bundeskanzler Fred Sinowatz, New York 1983

Bundeskanzler Fred Sinowatz nimmt deutlich Abstand von ORF-Korrespondent Klaus Emmerich, New York 1984

Nichts hören, nichts sprechen, nichts sehen – drei Leiter des österreichischen Presse- und Informationsdienstes verkennen ihre Aufgabe (Wolfgang Petritsch, Peter Marboe, Eugen Freund), New York 1984

New York

Ich traute meinen Augen nicht: Die Ampel stand auf Rot, ja, für Fußgänger war sogar ein deutliches »Don't walk« zu lesen, und trotzdem marschierte der österreichische Außenminister gemeinsam mit dem österreichischen UNO-Botschafter über die Kreuzung. Wir, die Delegation, die Außenminister Willibald Pahr begleitete (darunter ich als sein Pressesekretär), waren kurz zuvor in New York angekommen und wollten uns nach dem langen Flug etwas die Beine vertreten – aber sollte mein allererster Tag in dieser Millionenstadt auch gleich mein letzter sein? Von einem Straßenkreuzer niedergeschoben? Es dauerte noch ein paar Tage, bis ich kapierte, dass das Ampellicht nicht mehr war als eine Empfehlung: Bei Rot *kannst* du stehenbleiben, *musst* aber nicht, vor allem dann nicht, wenn es die anderen auch nicht tun. New York ist anders, oder war es jedenfalls damals. Schon im Hotel, in dem wir abstiegen, fielen mir fast die Augen aus dem Kopf: Im Lift gab es einen eigenen Fahrer, der nicht nur den Knopf für das Stockwerk betätigte, in dem man sein Zimmer hatte, er schob auch die eigenartige Gittertür (durch die man theoretisch die Hand durchstrecken und die vorbeiziehende Wand berühren konnte …) auf, wenn

In einer Glaskugel am Fensterbrett der Wohnung Wolfgang Petritschs spiegeln sich der Central Park und die Gebäude auf der 5th Avenue, New York 1990

Eugen Freund windsurft am East River, New York 1983

Zur Sommer-Sonnenwende geht dieselbe genau im Canyon der 42nd Street unter.

Wasserbehälter bilden bei untergehender Sonne bizarre Schattenumrisse in New York.

Die Skyline von New York im Abendlicht: ein immer wieder faszinierendes Schauspiel

Das Citicorp Center hebt sich nachts von anderen Wolkenkratzern ab ...

man ankam. Erst dachte ich mir: Was für ein Job, täglich acht oder mehr Stunden in einem Raum, der nicht größer war als, nun, als eben ein Lift für fünf Personen, aber später, als ich mehr über die Arbeitslosigkeit in den USA wusste, war mir klar: besser so ein Job als gar keiner.

Noch konnte ich bei meinem ersten Aufenthalt in New York nicht ahnen, dass ich nur zwölf Monate später für mehr als fünf Jahre in diese Traumstadt übersiedeln würde. Der Außenminister hatte mir einen Posten beim Österreichischen Presse- und Informationsdienst am Generalkonsulat angeboten, ein Amt, dessen Hauptaufgabe darin bestand und besteht, Österreich als modernen, politisch fortschrittlichen Staat in den USA bekannt zu machen. Eine wahre Sisyphus-Arbeit, denn jenseits der Walzer-Lipizzaner-Sachertorten-Sound-of-Music-Seligkeit war da nicht viel Staat zu machen. Aber so weit war ich ohnehin noch nicht. Zuerst musste ich mir eine Bleibe suchen, wobei das meist so verläuft, dass ein dem Generalkonsulat bekannter Makler kontaktiert wird. Ich erinnere mich noch gut an das Angebot einer Wohnung, 126 East 64th

... egal, von welcher Seite man es betrachtet.

Street, bester Wohnbezirk, der Makler fragte mich, »are you familiar with …« den Rest verstand ich kaum. Doch ich wurde vorher von meinen viel erfahreneren Kollegen instruiert, dass Singles bei der Wohnungssuche weniger beliebt wären. Also übersetzte ich im Kopf blitzschnell das Wort »familiar« mit »Familie« und gab an, meine Frau (die ich nicht hatte) würde bald nachkommen. Dass er aber von mir wissen wollte, ob ich mit der Gegend vertraut sei, in der die Wohnung lag, erklärte mir erst nachher ein Begleiter …

Zu jener Zeit war New York ein ziemlich unsicheres Pflaster, Mord, Raub und Einbrüche standen auf der Tagesordnung. Ein Beispiel zeigt, wie schlimm es damals war: Allein um die Weihnachtsfeiertage 1981 wurden 23 Menschen umgebracht. Ich wollte mich, im wahrsten Sinne des Wortes, absichern und bastelte mir daher eine Alarmanlage: Sie bestand aus ein paar losen Jalousieblättern, auf die ich schmale Streifen Alufolie klebte. Die Folien wurden mit einem Draht verbunden, die Jalousieblätter legte ich auf ein Stück Blech und versteckte beides unter dem Fußabstreifer vor der Wohnungstür. Sobald sich jemand meinem Eingang näherte, wurde ein Kontakt ausgelöst, der im Raum eine Lampe zum Aufleuchten brachte – so wurde ich rechtzeitig alarmiert, wenn sich jemand vor der Türe zu schaffen machte. Trotz aller negativen Schlagzeilen, die die Stadt damals machte, hatte ich, bis auf einen einzigen Vorfall, nie ein ungutes Gefühl. Doch dieses eine Mal bleibt mir unvergesslich.

Ich war mit meiner Kollegin Christine Wissmann unterwegs zum Tennisspielen. In einer schmalen Seitenstraße parkte ein Wagen in zweiter Spur, dahinter standen zwei Männer. Als ich mich mit meinem Auto vorbeizwängte, fuhr ich durch eine Wasserlacke, und offenbar spritzte ich die beiden Männer dabei an. Wir hatten das kaum mitbekommen, erst als mich der Wagen der beiden verfolgte und uns mit der Lichthupe anblendete, wussten wir, dass irgendetwas passiert sein musste. Mein Weg führte mich auf den FDR-Drive, eine Art Stadtautobahn entlang des East River. Der Mann im Auto gestikulierte wild, versuchte mich abzudrängen, ich konnte mich jedoch durch wilde Manöver aus der heiklen Situation befreien. Dann überholte er mich, raste voraus, um mitten auf der Autobahn seinen Wagen querzustellen und mich an der Vorbeifahrt zu hindern. Irgendwie gelang es mir vorbeizukommen, aber wieder waren die Männer ganz knapp hinter uns. Bei der nächsten Abfahrt tat ich dann so, als würde ich abzweigen, und scherte im letzten Moment wieder auf die Autobahn zurück – die anderen schafften es nicht und so wurden wir sie los. Wenn auch mit rasendem Herzklopfen.

Aber nicht nur oberirdisch war New York zu jener Zeit eine verrückte Stadt. Auch unterirdisch. Wie keine andere Metropole in den USA, vielleicht am ehesten noch Chicago, hängt der Verkehr hier von einem funktionierenden U-Bahn-System ab. Doch zu jener Zeit war dieses Massenverkehrsmittel schmutzig, laut, mit Graffiti verschmiert und voller verrückter Passagiere – einmal, so erinnere ich mich, blieben wir in der Station »Bleecker Street« länger stehen, plötzlich liefen Polizisten durch die Waggons: Die Jagd endete damit, dass ein nackter Mann abgeführt wurde, nur notdürftig mit der Jacke eines Beamten bedeckt.

Fishing for ... nicht Komplimente, sondern Münzen

So wenig wie um die U-Bahn kümmerte sich die Stadtverwaltung um den sozialen Abstieg der glitzernden Stadt. Ronald Reagans Budgetkürzungen in diesem Bereich trafen auch die Gemeinschaftseinrichtungen in Ländern und Gemeinden. Mit dem Ergebnis, dass immer mehr Obdachlose auf den Straßen überleben mussten. Niemand kümmerte sich um irgendetwas. An jedem Hauseck roch es nach Urin, Papier- und Plastikreste wurden einfach auf den Gehsteig fallen gelassen und die Infrastruktur zerbröckelte, wörtlich. Ich wunderte mich immer, wie es ein Bürgermeister schaffte, wiedergewählt zu werden, obwohl die wichtigsten Durchzugsstraßen der Stadt von Schlaglöchern nur so übersät waren.

Trotz allem übte New York Faszination aus. Künstler, Reiche, auch reiche Künstler, Banker, alle ließen sich in Manhattan nieder.

Homeless auf der Park Avenue, New York 1983

... und dieselbe Stelle 25 Jahre später

New York, 83. Straße: ... nicht ganz »dead«, nur betrunken

Das Museum of Modern Art, New York, Tummelplatz der Kunstsinnigen

Blick aus dem Appartment von Yoko Ono, New York 1982

John Lennon und Yoko Ono hatten im »Dakota«, einem altehrwürdigen Bau direkt am Central Park, ein ganzes Stockwerk gekauft, seine Ermordung im Dezember 1980 direkt vor dem Haus machte das Gebäude in der ganzen Welt berühmt. Am Tag nach seinem Tod wurde im Park gleich nebenan ein spontanes Totengedenken abgehalten, tausende junge Menschen fanden sich zusammen, sangen Lieder, viele weinten. Es war eines von vielen Verbrechen in New York, das aber wegen der Berühmtheit des Opfers in der ganzen Welt Schlagzeilen machte.

Gedenkveranstaltung für John Lennon im Central Park, New York, Dezember 1980

Rund ein Jahr später lud mich Yoko Ono mit einer kleinen Gruppe zum Abendessen in ihre Wohnung. Ich weiß bis heute nicht, wie ich auf ihre Liste kam, aber offensichtlich hatte es etwas mit meinem Job als Presseattaché am Generalkonsulat zu tun. Meine Kollegin Christine Wissmann begleitete mich und wir unterhielten uns nicht nur mit Yoko, sondern auch mit Sean Lennon, der damals rund sechs Jahre alt war. Vom Appartment hatte man einen wunderbaren Blick auf den Central Park und die Skyline am Südrand des Parks, dorthin, wo eine gute alte Bekannte von mir wohnte.
Sie hieß Carla Binder und war die Witwe nach Josef Binder, dem österreichischen Designer, der moderne Gebrauchsgrafik erstmals in der Werbung einsetzte. Seine Plakate für Schiffsreisen, Weltausstellungen und das Rote Kreuz erlangten Weltberühmtheit. Seine Wohnung auf Central Park South hatte den schönsten Blick auf diese »grüne Insel« inmitten der Wohnhäuser, und das Haus, eben weil es so eine hervorragende Lage hatte, wurde immer wieder von Spekulanten beäugt. Einer davon war der Immobilien-Tycoon Donald Trump. Weil viele Mieter in diesem Gebäude schon lange darin wohnten, zahlten sie auch nur eine relativ geringe Miete und hatten daher kein Interesse, von einem Baulöwen geschluckt zu werden. Carla Binder und ihren Mitbewohnern gelang es mit Hilfe einer sympathisierenden Presse, Donald Trump vom Kauf ihres Hauses abzuhalten. Ich besuchte sie immer wieder, nicht zuletzt, weil sie das typisch österreichische Schwarzbrot vermisste, das in New York nur schwer zu bekommen war und das ich ihr aus Wien mitbrachte.

Nach etwa der Hälfte meines Aufenthaltes in New York übersiedelte ich von dem typischen Brownstone (das sind die drei- bis vierstöckigen Häuser, die meist aus der Zeit vor dem Zweiten Weltkrieg stammen) in ein sogenanntes Highrise auf der East Side. Es hatte 32 Stockwerke, ich wohnte im 16. Die Aussicht war prachtvoll, alle berühmten Bauten (Chrysler Building, Citicorp, Empire State Building etc.) der Stadt waren von meinem Balkon aus zu sehen.
Die beste Sicht aber gab es von der Dachterrasse,

Carla Binder, New York 1986

die freilich diesen Namen nicht verdiente. Nur über eine Art Hühnersteg kam man vom letzten Stock nach oben, eine knarrende Eisentür führte ins Freie, dort waren die Klimaanlagen angebracht, die immer einen ziemlichen Lärm verursachten. Das Ganze wurde von einer nicht mehr als 80 cm hohen Mauer umrandet. Aber ich wurde durch einen 360-Grad-Blick entschädigt, im Osten sah man bis zu den beiden Flughäfen La Guardia und John F. Kennedy, im Süden bis zum World Trade Center, im Westen reichte die Sicht bis weit nach New Jersey und im Norden konnte man sogar noch Teile der George-Washington-Bridge sehen. Sonnenauf- und Untergänge lieferten immer dramatische Eindrücke, am faszinierendsten aber war es für mich, während eines Gewitters, knapp vor dem Regenguss, auf der Terrasse zu stehen, die Haare standen mir auf Grund der Elektrizität in der Luft zu Berge und ich wartete mit dem Fotoapparat in der Hand, bis ein Blitz in irgendeinen Wolkenkratzer einschlug. Die Spannung, ob ich tatsächlich einen erwischt hatte, dauerte damals noch mehrere Tage – vor der Zeit der Digitalfotografie konnte man sich erst anhand des entwickelten Films überzeugen, ob man rechtzeitig abgedrückt hatte. Meine Methode, Blitze zu fotografieren, bestand darin, den Finger am Abzug zu positionieren und tatsächlich in dem Moment, als ich den Blitz sah, abzudrücken. Das ist eine Sache von Sekundenbruchteilen, und nicht jedes Mal gelang es mir.

Ein Blitz sucht sich ein Opfer in Manhattan.

Auch wenn sich die USA noch lange mit Vorurteilen herumschlagen werden müssen, je länger man sich dort aufhält, desto objektiver werden die Anschauungen. Etwa was das Essen betrifft. New York ist, wie einige andere Großstädte, ein Schmelztiegel unterschiedlicher Kulturen. Im Süden von Manhattan liegen zwei Ethno-Bezirke eng beieinander, »Little Italy« und »Chinatown« – wenn man dort unterwegs ist (oder jedenfalls war das zu meiner Zeit so), hat man den Eindruck, in einer italienischen oder eben chinesischen Enklave zu sein. Bei den Chinesen liegen Fische in Eisbehältern gleich neben dem Gehsteig, hinter den Auslagenscheiben hängen gerupfte Gänse von Fleischerhaken. Bei den Italienern wird oft noch so wie in Sizilien oder in der Lombardei gekocht und häufig waren das die einzigen Lokale, wo man auch im Freien sitzen konnte. (Das hat sich mittlerweile ebenfalls geändert, heutzutage kann man auch auf der Madison Avenue gleichzeitig das Parfum der eleganten Sitznachbarin und die Auspuffgase der vorbeifahrenden Autobusse einatmen). In meiner Nachbarschaft, der Upper East Side, waren damals noch die Deutschen dominant. Im »Bremen House« gab es Sprengel-Schokolade (die entsprechenden Maschinen zur Erzeugung dieser Köstlichkeiten hatte mein Großvater hergestellt), einigermaßen bekömmliches dunkles Brot und sogar »Braun«-Rasierapparate. Im »Café Heidelberg« gab es erträgliche Kuchen und Torten, aber mein Lieblingsrestaurant war das »Mocca« auf der 2nd Avenue. Dort bekam man zu meiner Zeit für nur 4 Dollar 95 ein ganzes Menü, inklusive Suppe, Hauptspeise und als Höhepunkt Palatschinken als Nachspeise. Geführt wurde es von einer ungarischen Familie, und nach nicht allzu langer Zeit wurde ich Stammgast und auch wie ein solcher behandelt.

Gegenüberliegende Seite und rechts: Der Blitz schlägt ins World Trade Center ein, New York, Mai 1997

Der Times Square: 2003 (oben) ... und 20 Jahre davor (unten)

Rechts abbiegen erlaubt, von der 2nd Avenue in die 82. Straße

Straßenkreuzer, Objekte der Bewunderung

86. Straße, Madison Avenue: Wie kommt die Dame ins Auto?

Miss Austria am Times Square

Und die restlichen Missen – wer wollte sie missen?

Mittagspause
auf der Fifth
Avenue,
New York 1983

Ein Marathon-Läufer, bestaunt von einem orthodoxen Juden, Brooklyn, New York 1999

Mann und Maschine kämpfen sich durch den Schneesturm, New York 1981

Nächste Doppelseite:
What a difference a day makes ..., New York 1982

ONE WAY
ONE WAY
Leash,
gutter and
clean up
after your
dog
Please
It Whispers.
ONE WAY

gutter and
clean up
after your
dog
Please
T FEDERAL SAVIN
ONE WAY

Das World Trade Center spiegelt sich im UN-Plaza Hotel, New York 1997

Irgendwann kommt die Sonne doch durch, New York 2010

Jahrelang hing diese Bassena aus Wien an der Ecke First Avenue, 53. Straße, bis sie dann jemand abmontierte, 1983

Reflexion am Times Square, New York 2010

B'WAY

Gegenüberliegende Seite: Auch Fahnenmasten müssen gestrichen werden, Lexington Avenue, New York 1983

Wasserrohrbruch in Harlem, New York 1982

Ein Farbengeschäft und die dazupassende bunte Mauer, New York 1984

Gegenüberliegender Seite: Prophetisch? In der Spiegelung ist das WTC dort abgeschnitten, wo das Flugzeug 2001 hineingekracht ist, New York 1998

Das World Trade Center, New York 1983

POLICE DEPT

Von Chinatown aus gesehen fliegt die Passagiermaschine (ganz oben links im Bild) über das WTC zum Flughafen La Guardia, New York 1984

Gegenüberliegende Seite: Der schaurige Blick aus dem 75. Stock des World Trade Centers, New York 2000

Ein Blick durch die Planken auf die Trümmer des WTC

Improvisierte Gedächtnisstätte für die Opfer des WTC-Attentats, New York 2002

Empire State Building
New York

Die goldverbrämte Spitze eines alten Hochhauses, vom World Trade Center aus fotografiert, New York 1984

St. Patrick's Cathedral, 5th Avenue, New York

Die Spitze des General Electric Buildings, New York 1983

Engel vor dem Panam (MetLife) Building, New York 1982

Wolfgang Schüssel wirft sich, nein, nicht von der Brooklyn Bridge, nur in Pose, New York 1999

Wolfgang Schüssel in Superkondition, New York 1999

Gegenüberliegende Seite: Die Brooklyn Bridge in voller Pracht

Kurt Waldheim

Die Zeit in New York ging vorbei wie im Fluge – immer wieder besuchten mich auch hochrangige ORF-Vertreter und fragten mich, was ich denn danach unternehmen würde. Sie sprachen davon, dass mir beim ORF Tür und Tor offen stünden, aber bald nach meiner Rückkehr nach Wien stellte sich heraus, dass ich der Tor war, der daran geglaubt hatte. Also musste ich mich als Freiberufler durchschlagen, aber immerhin konnte ich den Publizistik-Studenten von Wien und Salzburg in (hoffentlich) interessanten Vorlesungen die amerikanische Medienlandschaft näherbringen. Aber schon Ende 1985 kollidierte diese ganz hart mit der österreichischen Realität.

Mich überrascht immer wieder, dass es mittlerweile schon eine ganze Generation gibt, die mit der Person Bruno Kreisky oder auch Kurt Waldheim nichts oder kaum etwas anfangen kann. Das ist umso erstaunlicher, als Waldheim nicht nur der bisher einzige UNO-Generalsekretär aus Österreich war, sondern dass sein »Fall« die Innen- und Außenpolitik des Landes und vieler anderen Staaten zumindest für die Dauer seiner Amtszeit (plus einige Monate davor und danach) so intensiv beschäftigte wie kein anderer österreichischer Präsident. Waldheim war während meiner Tätigkeit in New York nur noch kurz Chef der Vereinten Nationen, aber an einen seiner Einsätze erinnere ich mich noch gut: Er hatte versucht, seine Position bei der Befreiung der amerikanischen Geiseln in Teheran einzusetzen. Nach der islamischen Revolution im Iran hatten Studenten die amerikanische Botschaft der Hauptstadt besetzt und dabei über hundert Beamte festgehalten. Insgesamt dauerte die Geiselnahme 444 Tage. Als alle Verhandlungen scheiterten, bot sich Waldheim als Vermittler an. Er flog Anfang Januar 1980 nach Teheran, kehrte aber mit leeren Händen zurück. Nicht ohne vorher von einer wütenden Menge umringt zu werden, die ihn mit allen Mitteln auf die Grausamkeiten aufmerksam machte, die sie unter dem Regime des gestürzten Schah Reza Pahlewi erlitten hatte. Einer nahm sein Glasauge in die Hand und rief Waldheim zu: »Das verdanke ich dem Geheimdienst des Schah!« Ein anderer hielt dem UNO-Generalsekretär ein Kleinkind entgegen, dem die Arme fehlten – auch das ein Opfer der Schergen des iranischen Kaisers. Waldheim war entsetzt und versprach, den Sicherheitsrat zu beauftragen, die Verbrechen des Regimes zu untersuchen. Als er wieder nach New York zurückkehrte, hatte er nicht nur keine Geiseln mitgebracht, sondern (aus amerikanischer Sicht) zu allem Überfluss auch noch das Versprechen in der Tasche, den Schah, einen engen Verbündeten der USA, an den Pranger zu stellen. Sympathien hat er sich damit in Washington keine erworben.

Dennoch war es überraschend, mit welcher Heftigkeit die amerikanischen Medien einige Jahre später über Waldheim herfielen. Als »SS-Butcher« (»Schlächter«) landete er in der »New York Post« auf dem Titelblatt, einmal ärgerte sich ein anderes Blatt darüber, dass er angeblich für den Friedens-Nobelpreis nominiert werde. Ausgelöst wurde das, was Waldheim sehr schnell eine »Kampein« nannte, mitten im Wahlkampf für das Amt des Bundespräsidenten, als die »New York Times« ein Foto auf ihrer Titelseite brachte, auf dem Waldheim in Wehrmachtsuniform auf einem Flughafen in Jugoslawien zu sehen war. Gleichzeitig berichtete auch das »profil« über die verschwiegene Tätigkeit des Präsidentschafts-

Kurt und Elisabeth Waldheim kurz vor seiner Amtseinführung im alten Sitzungssaal des Parlaments, Wien 1986

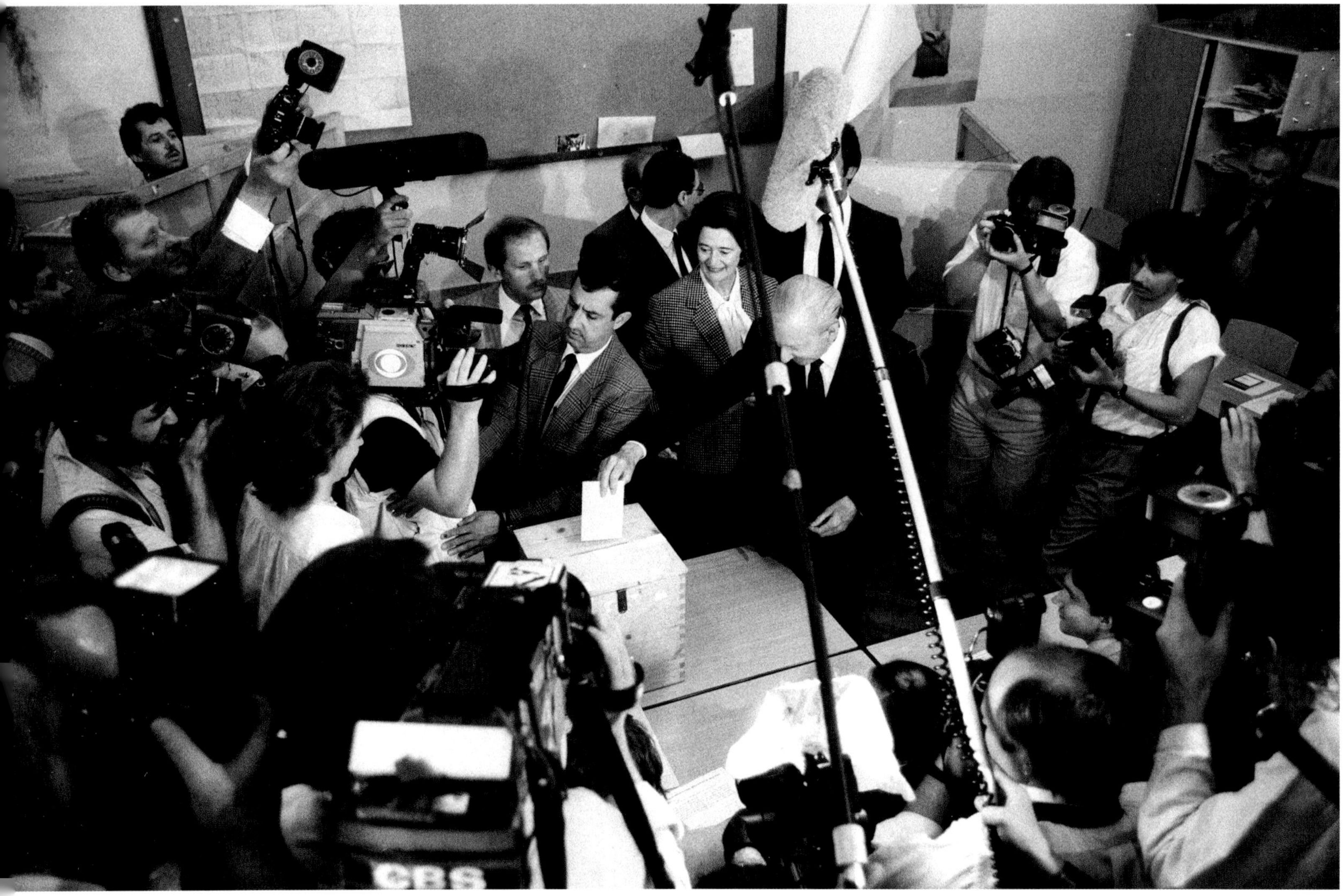

Kurt Waldheim wählt (sich selbst), Wien 1986

kandidaten während seines Einsatzes im Zweiten Weltkrieg. Mich faszinierte die Auseinandersetzung um Waldheim natürlich nicht nur, weil ich seine Karriere genau verfolgt hatte, sondern auch, weil die amerikanischen Medien in dieser Angelegenheit eine so zwiespältige Rolle spielten. Einmal brachte die (damals) linksintellektuelle »Village Voice« einen Artikel über »Waldheims Österreich«, in dem sich die Autorin darüber mokierte, dass die Wiener selbst dann bei Rot nicht die Kreuzung überqueren würden, wenn kein Fahrzeug kommt. Außerdem sage die Art der österreichischen Toiletten (Flachwasserbett im Unterschied zu Tiefwasserbett in den USA) einiges über den Fäkalumgang der Österreicher aus.

Doch der ernstere Teil in der Waldheim-Affäre betraf seine Darstellung über die Tätigkeit in Jugoslawien. Ich kontaktierte zu jener Zeit Simon Wiesenthal, den bekannten Nazi-Jäger, der sich im Zusammenhang mit Waldheim sehr zurückhielt. Am Telefon sagte mir Wiesenthal am 6. März 1986, er könne sich nicht vorstellen, dass Waldheim nichts von Deportationen gewusst habe, glaube aber nicht an dessen persönliche Schuld. Meinem Ersuchen, mir die Telefon-

Heinz Fischer spricht mit Gerhard Jelinek (ORF) über die Niederlage Kurt Steyrers, Wien 1986

nummer der Zentralen Stelle für die Verfolgung der NS-Verbrechen im deutschen Ludwigsburg zu geben, kam Wiesenthal sofort nach: »Das ist die Nummer, aber den Herrn Streim (den damaligen Leiter) brauchen Sie nicht anzurufen, der hat nichts über Waldheim.« Streim war mir bekannt, weil einige Jahre zuvor Friedrich Peter, der damalige Chef der FPÖ, im Zusammenhang mit seiner Kriegsvergangenheit verdächtigt wurde, an Erschießungen in Russland beteiligt gewesen zu sein. Die Ludwigsburger Zentralstelle konnte aber kein Licht auf diesen Fall werfen. Aus dem Gedächtnisprotokoll, das ich in der Sache Waldheim anlegte, geht hervor, dass ich um 9 Uhr 40 Oberstaatsanwalt Streim erreichte, ihm die Frage nach eventuellen Informationen über Waldheim vorbrachte und ersucht wurde, mich eine Stunde später wieder zu melden.

Oberstaatsanwalt Streim: »Wir haben hier bloß einen Kurt Waldheim in der ›Wanted List‹ der Kriegsverbrecherliste der Alliierten. Und zwar wird er als ›Mörder‹ gesucht. Er war Abwehroffizier, Leutnant, äh, Abwehroffizier, der Abteilung 1C des Generalstabes der Heeresgruppe E in Jugoslawien. Und er wurde auch von Jugoslawien gesucht. Ob der nun identisch ist mit Kurt

Demonstranten gegen Kurt Waldheim am Ballhausplatz, Wien 1986

Waldheim (dem Ex-UNO-Generalsekretär), das kann ich nicht sagen …« Persönliche Angaben, aus denen man genauer auf die Identität schließen könnte, hatte der Oberstaatsanwalt nicht zur Verfügung. Irgendwie hatte ich das Gefühl, auf einer Bombe zu sitzen. Bis jetzt wurde Waldheim alles Mögliche vorgeworfen, aber jedenfalls nicht, dass er von Jugoslawien als Mörder gesucht worden sei. Weil ich damals nach meiner Rückkehr aus den USA noch als freier Journalist tätig war und auf keine Redaktion zurückgreifen konnte, informierte ich einen befreundeten Kollegen aus dem ORF über meinen sensationellen »Fund«. Doch dem Kollegen war diese Kartoffel auch zu heiß. Der 6. März war ein Donnerstag. Am darauffolgenden Montag präsentierte der Jüdische Weltkongress unabhängig von meinen Erkenntnissen in New York ein ähnliches Papier. Die Verteidigungsstrategie der ÖVP schob das als »Angriff von der Ostküste« brüsk von sich.

Selbst nach der Wahl, die er gegen seinen Konkurrenten, den damaligen Gesundheitsminister Kurt Steyrer, eindeutig für sich entschied, änderte sich kaum etwas: Im Zusammenhang mit Waldheim war immer auch von »Affäre« die Rede. Eine Historikerkommission, an der internationale Persönlichkeiten teilnahmen, wurde beauftragt, das gesamte Umfeld der Tätigkeit des nunmehrigen Bundespräsidenten während seiner Zeit im Zweiten Weltkrieg auszuleuchten. Der Höhepunkt der Beratungen in einem Palais in der Wiener Wallnerstraße war die Befragung Waldheims durch die Historiker. Jeder von uns Journalisten wäre gerne als »Fliege an der Wand« dabeigewesen, aber auch diese Anhörung fand im Geheimen statt. Als die Herren (wieder einmal waren es nur Mitglieder männlichen Geschlechts, die über eine so heikle Angelegenheit entscheiden würden …) die Büroräume in der Wallnerstraße verlassen hatten, warf ich einen kurzen Blick hinein. Mit meinem Adlerauge erspähte ich ein Papier, das einer der Geschichts-Professoren auf dem Tisch liegen gelassen hatte. Weil uns niemand verboten hatte, den Saal zu betreten, sah ich auch nichts Verwerfliches dabei, mir den Zettel genauer anzusehen: Tatsächlich waren darauf die Fragen niedergeschrieben, mit denen man am Abend Waldheim konfron-

Kurt Waldheims erste Schritte als angelobter Präsident, Wien 1986

tieren wollte. Und so konnte ich in der »Zeit im Bild«, statt zu spekulieren, ziemlich genau anführen, was sich hinter mir in der Präsidentenvilla gerade abspielte. Die Historikerkommission wies übrigens Waldheim in ihrem Endbericht keine Schuld zu, zweifelte aber an seiner Darstellung, von den Gräueltaten und Kriegsverbrechen nichts gewusst zu haben.

Noch einmal, viele Jahre später, wurde ich mit dem Leben Kurt Waldheims konfrontiert, es war am Tag seines Todes. Im ORF wurde eine Person (aus-)gesucht, die die ganze Kontroverse um seine Wahl und seine Präsidentschaft in der »Zeit im Bild« als eine Art Nachruf zusammenfassen konnte. Obwohl ich gerade erst nach dreijähriger Abstinenz vom Radio zum Fernsehen gewechselt hatte, fiel die Wahl schließlich auf mich. Es war ein schwieriger Balanceakt: Einerseits gilt für Tote der lateinische Spruch »de mortuis nil nisi bene« (»Über Verstorbene nichts als Gutes«), andererseits konnte man in einer derartigen Analyse nicht an den Auseinandersetzungen vorübergehen, die mit seiner Person verbunden waren. Und: Seit damals waren über 20 Jahre vergangen, fast eine ganze Generation konnte mit diesem Namen nicht mehr sehr viel anfangen. Der Fall Waldheim hatte damals die Tore in ein besonders dunkles Kapitel österreichischer Geschichte geöffnet: Vieles, das im Schulunterricht oder auch am Mittagstisch mit Eltern oder Großeltern nicht zum Thema gemacht worden war, ist durch sein (indirektes) Zutun plötzlich zum Inhalt hitziger Diskurse geworden. Und so sagte ich damals:

»Das war wohl auch der Kern – kaum jemand aus der Generation Kurt Waldheims hat bis damals über seine Vergangenheit reflektiert – nicht die Nazis, und auch nicht die überlebenden Juden. Aber das hat mit Waldheim ein Ende gefunden – und schließlich lässt Franz Vranitzky, der damalige Bundeskanzler, im Nationalrat den entscheidenden Satz fallen: ›Wir bekennen uns zu allen Taten des Volkes, zu den guten wie zu den bösen.‹ Darüber offen zu diskutieren, dazu war Kurt Waldheim, nein, dazu waren viele in der Generation um Kurt Waldheim nicht in der Lage.«

Die Berliner Mauer fällt

Berlin, Samstag, 11. November 1989. Ein Kran der ostdeutschen Grenztruppe hebt gerade den ersten Betonblock aus einer Mauer, die die Stadt seit 28 Jahren durchtrennt. Es ist ein historischer Augenblick für Berlin, aber auch ein historischer Augenblick für das Verhältnis zwischen Ost und West.

Wir kamen am Abend zuvor am Flughafen Schönefeld an. Dass wir dabei sein würden, als in Europa Geschichte geschrieben wurde, war nicht von vornherein klar. Hans Benedict, der Leiter des »Auslandsreports«, war nicht überzeugt davon, dass das, was sich in Berlin andeutete, eine Reise von gleich zwei Korrespondenten (Antonia Rados und mir) und je zwei Kameraleuten und Tonassistenten rechtfertigen würde. Aber wir überredeten ihn, vor allem Antonia Rados übte den gerade notwendigen Druck aus, um ihn zu überzeugen und auf nicht noch mehr Widerstand zu stoßen. (Als ich sie im Frühjahr 2011 in Wien traf – sie ist mittlerweile eine Reporter-Ikone in Deutschland – und ihr diese Version meiner Erinnerung erzählte, lachte sie und sagte, sie sei zuhause gewesen und Hans Benedict habe sie angerufen, um ihr mitzuteilen, sie müsse nach Berlin fliegen. Aber, wirft sie dann ein, »vielleicht war es doch so, wie du dich erinnerst …«)

Schönefeld liegt im Osten der Stadt, wir mussten über den einzigen Grenzübergang, der ursprünglich für Ausländer geöffnet war, durch den aber seit dem Vortag auch Ostberliner durchgelassen wurden. Bei uns gab es wieder Schwierigkeiten, schließlich hatten wir ja einen Ostberliner Fahrer, aber nach längerem Hin und Her gaben die Grenzbeamten schließlich nach. In Schlangenlinien ging es an Betonbarrikaden vorbei in den Westen: Dort standen bereits Dutzende Menschen, die uns für Ossis hielten – sie umzingelten unseren Wagen, schaukelten ihn auf und nieder, schütteten Sekt über die Motorhaube, eine großartige Begrüßung für drei Österreicher und einen Ost-Berliner.

Als wir uns am nächsten Tag gleich in der Früh der Mauer nähern, stehen Hunderte Besucher auf Westberliner Seite und wollen dabei sein, wenn sich der Übergang öffnet, wenn die ersten Besucher aus dem Osten hier eintreffen. Ostdeutsche Grenzsoldaten positionieren sich auf unserer Seite der Mauer, aber auch die paar Meter gehören noch zur DDR.

Es wird geklopft, gekehrt und gewartet – Mauersteine werden zum begehrten Souvenir – auch die DDR-Soldaten halten diesen geschichtlich bedeutenden Tag mit ihren Kameras fest.

Knapp nach 13 Uhr ist es soweit, die ersten DDR-Bürger laufen über den Grenzübergang. Erst jetzt wird klar, dass dieser Grenzstreifen, zumindest an der Stelle, wo wir stehen, gute hundert Meter breit ist. Sie werden mit Applaus und Sekt begrüßt. Erstmals seit 28 Jahren ist der Übergang »Schlesische Straße – Puschkin-Allee« wieder frei zugänglich.

Ich wollte unbedingt mit einem DDR-Bürger zusammenkommen, der oder die Verwandte in der Stadt besuchen würde, jemanden, den sie wegen der Mauer schon längere Zeit nicht mehr gesehen hatten. Meine Versuche, einzelne Personen anzusprechen und danach zu fragen, scheiterten jedoch. Niemand schien sich für Verwandte zu interessieren, jeder wollte nur die 100 D-Mark abholen, die ihnen das westliche Deutschland bei ihrer Einreise zugesagt hatte. (Bis zu diesem Tag war es ein relativ billiges Versprechen,

Noch wird die erste Öffnung in der Mauer bewacht, Berlin 1989

denn die Zahl der DDR-Bürger, die in den Westen durften, war verschwindend gering …) Als ich schon fast aufgeben wollte, machte ich noch einen allerletzten Versuch. Ich malte ein Papierschild mit den Worten (es liegt vor mir, daher muss ich das nicht erfinden): »BESUCHT JEMAND VERWANDTE? BEKANNTE?« und stellte mich neben die immer noch hereinströmenden Massen. Tatsächlich kam kurz darauf ein Ehepaar auf mich zu.

Es möchte seinen Sohn besuchen, der aus der DDR ausgewiesen worden war. Er hatte nach einem Fluchtversuch eine Gefängnisstrafe absitzen müssen und wurde danach in die Bundesrepublik abgeschoben. Die Eltern stimmen zu, dass wir sie bei ihrem ersten Treffen mit ihrem Sohn begleiten dürfen. Mit einem Taxi fahren wir zur Wohnung. »Lutz, ich bin es!«, ruft die Mutter in die Sprechanlage, dann, im ersten Stock, kommt es zu einer rührenden, ganz persönlichen Wiedervereinigung. Wir ziehen uns mit unserer Kamera zurück und lassen die Familie vorerst allein.

Bei einem Vergnügen ganz anderer Art waren viele Ostberliner an diesem Abend »live« dabei. Sex-Shops mit Besuchern, die sie sonst nicht sehen, und Besucher, die zu sehen bekommen, was in ihrer Heimat offenbar nicht geboten wird.

Am selben Abend besuchen wir noch das Brandenburger Tor. Tags zuvor hatten die ostdeutschen Behörden mit Wasserwerfern auf westdeutsche Bürger gezielt, die auf die Mauer geklettert waren. Samstagnacht sorgte ein großes Westberliner Polizeikontingent für Abschreckung. Und direkt an die Mauer heran kam nur,

wer die Polizisten überreden konnte, dass er nur eine »Blume des Friedens« niederlegen wollte.
Sonntag früh am Checkpoint Charlie. »Charlie ist am 10. November in Pension gegangen«, malte ein humorvoller Berliner auf die Mauer. Vielleicht noch nicht in Pension, dachte ich mir, aber zumindest hat er ein freies Wochenende.
Direkt an der Grenze steht das »Museum am Checkpoint Charlie«. Es zeigt die Geschichte der Mauer in Zeitungsausschnitten und Filmberichten, auch einige Fluchtfahrzeuge. Wir aber werden von einer berührenden Szene abgelenkt. Zwei Frauen fallen einander um den Hals, Tränen in den Augen – ich frage sie, ob sie Freundinnen seien – nein, sie sind Geschwister, hatten einander schon Jahre nicht mehr gesehen.
Die Schlange vor den Banken ist auch Sonntag Früh nicht kürzer. Für viele bedeutet das, Wartezeiten bis zu mehreren Stunden in Kauf zu nehmen. Im Kassensaal wird gestempelt und geprüft, mit deutscher Gründlichkeit wird vorgegangen, erst dann wird das Geld ausgezahlt.
Auch in den Kaufhäusern stauen sich die Massen, zum ersten Mal sehen die DDR-Bürger Konsumgüter, die ihnen sonst höchstens vom Westfernsehen bekannt sind. Am Sonntagnachmittag steht der Verkehr still. Die Heimreise über die Grenze dauert Stunden. Nur Einzelne aus dem ganz rechten Eck lassen sich vom Chaos irritieren. Eine Frau ruft mir in das Mikrofon: »Sollen sie doch bleiben, wo sie herkommen. Schauen Sie sich doch nur diesen Gestank aus den Auspuffen an!«
Montag, der 13. November 1989, Berlin hat wieder der Alltag eingeholt – aber nichts wird ganz so sein wie früher. Im Osten der Stadt wird ab

Am Checkpoint Charlie, November 1989

jetzt noch mehr »von drüben« gesprochen werden, aber diesmal weniger abstrakt, sondern auf Grund ganz konkreter und persönlicher Erlebnisse. Im Westen verflüchtigt sich langsam der blaue Dunst aus den Zweitakt-Motoren der Trabis und Wartburgs.

Politisch blieb mit diesem Wochenende kaum mehr ein Stein auf dem anderen – sowohl in der Mauer, die so viele neue Löcher bekommen hatte wie nie zuvor, als auch im Verhältnis zwischen den beiden deutschen Staaten. Berlin schrieb Geschichte. Jetzt wird man – um einen viel zitierten Ausspruch von Bundeskanzler Helmut Kohl abzuwandeln – mehr mit kühlem Kopf als mit heißem Herzen auf die neue Lage reagieren müssen. 2009 begeht Berlin das 20-jährige Jubiläum dieses staats- und weltpolitischen Ereignisses. Unter anderem treffe ich die Familie wieder, die ich damals bei ihrer ganz persönlichen Wiedervereinigung gefilmt hatte, und ich besuche noch einmal den Grenzübergang an der Schlesischen Straße – Puschkin-Allee. Gerade als ich dabei bin, mir eine besonders gute Position für einen TV-Aufsager auszusuchen, werde ich von einer Gruppe von Touristen gestört, die mit einem Führer diesen historischen Platz besucht. Der Führer, so höre ich aus einiger Entfernung, ist sich nicht ganz klar, was sich an dieser Stelle vor zwei Jahrzehnten genau abspielte. Da überkommt mich die Versuchung, auszuhelfen. Schließlich habe ich auch noch mein kleines Papierschild bei mir, auf dem ich damals niedergeschrieben hatte, dass ich Menschen suche, die »Verwandte oder Bekannte« treffen möchten. So erfahren sie von mir, wie die Mauer hier gefallen ist, sozusagen aus österreichischer Sicht.

Die Lüge bloßgestellt: Die Mauer auf der Ost-Seite zeigt deutlich, dass nicht ein Schutzwall gegen den aufmüpfigen Kapitalismus, sondern Barrieren gegen mögliche Fluchtfahrzeuge aus dem Osten errichtet wurden, Berlin 1989

Skeptische Blicke: was kommt auf die Welt zu? Berlin 1989

Die innerdeutsche Grenze, 1987

Die ersten Ost-Berliner laufen auf den Westen zu, Berlin 1989

Die Feiern zum 20. Jahrestag des Falls der Berliner Mauer

Von Jalta nach Malta

Gut zwei Jahrzehnte nach dem Fall des Eisernen Vorhangs lässt sich heute der Kalte Krieg, der zwischen den Supermächten seit 1945 herrschte, nur schwer nachvollziehen. Jedes Treffen, das sowjetische und amerikanische Staatsmänner zusammenbrachte, wurde schon als kleine Sensation gefeiert. So war es 1961, als John F. Kennedy in Wien mit seinem Amtskollegen Nikita Chruschtschow über die Atom-, Berlin- und Kuba-Krise verhandelte, und ähnlich war es 1979, als der sowjetische Staatschef Leonid Breschnew den damaligen US-Präsidenten Jimmy Carter traf, um mit ihm ein Abkommen über die Reduktion strategischer Waffen zu unterschreiben. Ich war damals – nach meiner Tätigkeit als Pressesprecher des Außenministers – wieder beim ORF und durfte bei einigen dieser Verhandlungen dabei sein. Aber nichts ist mir so gut in Erinnerung wie der Auftritt der Wiener Sängerknaben für den amerikanischen Präsidenten. Ich hatte mich, so nahe es ging, neben die Präsidenten-Limousine gestellt und auf Jimmy Carter gewartet. Als er nach dem Konzert endlich auftauchte und der jubelnden Menge zuwinkte, bewegte ich mich einen Schritt auf das Auto zu und formulierte mit dem Ruf »Mr. Pres…« eine Frage. Aber viel weiter kam ich nicht, oder besser: ich kam viel weiter. Denn die amerikanischen Sicherheitsbeamten hatten mich unter den Achseln gepackt und einige Meter durch die Luft nach hinten geworfen. Zum Glück landete ich auf beiden Beinen …

v. l. n. r.: Konstantin Tschernenko, Andrei Gromyko, Leonid Breschnew und Dmitri Ustinov, SALT-Abkommen in Wien 1979

Leonid Breschnew, sowjetischer Staatspräsident, Wien 1979

v. r. n. l.: Harold Brown, Zbigniew Brzezinski, US-Präsident Jimmy Carter, Cyrus Vance, Dolmetscher, Wien 1979

Ein Mini-Gipfel, aber mit vielen Spitzen, wurde 1985 ebenfalls in Wien abgehalten. Zur 30-Jahr-Feier des Staatsvertrages hatte die Bundesregierung nicht nur die Außenminister der Länder, die dieses wichtige Dokument unterzeichnet hatten, in die Bundeshauptstadt eingeladen, sondern auch viele Außenminister der Nachbarstaaten. Und so trafen einander am 15. Mai 1985 der sowjetischen Außenminister Andrei Gromyko, George Shultz aus den USA, Geoffrey Howe aus Großbritannien und Roland Dumas aus Frankreich im Oberen Belvedere und hörten den Reden von Bundeskanzler Fred Sinowatz und Alt-Kanzler Kreisky, der den Staatsvertrag mit verhandelt hatte, zu.

Geoffrey Howe, britischer Außenminister, 1985

Bruno Kreisky im Gespräch mit Hans-Dietrich Genscher, dahinter, nicht weniger angeregt, Ferdinand Lacina im Gespräch mit Kreiskys Chauffeur, Wien 1985

US-Außenminister George Shultz, UdSSR-Außenminister Andrej Gromyko, Wien 1985

Bundeskanzler Fred Sinowatz hat angesichts der 30-Jahre-Staatsvertrags-Feier Vertreter der halben Welt vor sich, Wien, Belvedere 1985

Andrej Gromykos Autogramm schmückt ein Foto mit Thomas Klestil und Willibald Pahr, 1979

Gromyko hatte ich vorher schon zwei Mal getroffen – einmal 1978 in New York, wo der damalige UNO-Botschafter Thomas Klestil und Außenminister Willibald Pahr mit ihm in der sowjetischen UNO-Mission zusammenkamen (und ich ein Foto machte) und ein halbes Jahr danach in Moskau, wo ich wieder Pahr begleitete. Ich hatte das Foto mitgebracht und wollte unbedingt ein Autogramm von Gromyko bekommen. Die einzige Gelegenheit, die sich bot, war das offizielle Abendessen im Kreml. Knapp bevor der Kaffee serviert wurde (oder war es wieder Wodka, den bekam man damals schon zum Frühstück …) schlich ich mich um den Tisch herum, auf Gromyko zu und bat ihn (in welcher Sprache ist mir leider entfallen) um seine Unterschrift auf dem Bild. Und die bekam ich auch. Foto und Unterschrift sind über die Jahre leider ziemlich vergilbt.

Selbst der Mercedes muss für das Gipfeltreffen in La Valetta poliert werden, Malta 1989

Auch am letzten Gipfel vor dem Ende des Kalten Krieges war ich als Berichterstatter dabei. Er wurde in Malta abgehalten, und das hatte ganz bestimmte Gründe: Malta ist ein idyllischer Platz im Mittelmeer, und wenn man schon zwei Kriegsschiffe als Treffpunkt in einer Bucht stationiert, um die Journalisten vom eigentlichen Geschehen fernzuhalten, dann soll wenigstens die Staffage malerisch über die Bildschirme in die Wohnzimmer flimmern. Aber es kam alles ganz anders: Die Herbststürme machten der Planung einen Strich durch die Rechnung. Die Kriegsschiffe der beiden Supermächte wurden kaum benützt. Der Amerikaner verwendete seines nur für einen unruhigen Schlaf, der Russe blieb gleich auf dem Luxuskreuzer, der »Maxim Gorki« – und der malerische Hintergrund trat kaum in Erscheinung.

Den Anfang macht der amerikanische Präsident George Bush. Er trifft als erster in Malta ein und von ihm war auch die Initiative zu diesem Gipfel auf Meereshöhe ausgegangen. Der Regierungspalast des Premierministers wird schwer bewacht – für Polizisten sind auch Journalisten Gegner, und so werden sie immer weiter abgedrängt. Der amerikanische Begleitstab lässt sich noch ein wenig Zeit, er führt offenbar noch wichtige Telefongespräche – dann erscheint George Bush … Es gibt kein Bad in der Menge, dazu liegt Malta zu nahe an der libyschen Küste, Gaddafi ist und bleibt ein Feind der USA.
Knapp vor Mitternacht der nächste Besucher – Michail Gorbatschow und seine Begleitung machen dem maltesischen Regierungschef ihre Aufwartung. Ein Radioreporter berichtet direkt vom Geschehen. Aber wie immer, wenn Gorbatschow im Ausland auftritt, wird aus jeder noch so genauen Planung nur noch ein Stück Papier: Die Menge ruft, und der sowjetische Präsident geht auf sie zu, gefolgt von Kameramännern und Fotografen, die sich gefährlich nahe um Gorbatschow drängen, und so kommt es regelmäßig zu einem programmierten Durcheinander. Für manchen wird der chaotische Körperkontakt auch zum Ende der Berichterstattung: dem Radioreporter wird das Mikrophon abgerissen.

Michael Gorbatschow, Malta 1989

Nach der Abfahrt des sowjetischen Staatspräsidenten vom Regierungspalast – es ist längst nach Mitternacht – hat die Menge aber noch nicht genug: Die Begrüßung wird in ein Volksfest umfunktioniert.

Es ist der zweitstärkste Sturm seit 24 Jahren, sagen die Einheimischen. Der sowjetische Kutter demonstriert, was auf die Präsidenten zugekommen wäre, wenn sie bei diesem Sturm am Mutterschiff angedockt hätten: Wackelig nähert er sich, er schaukelt so stark, dass an ein Umsteigen nicht zu denken ist.

Die »Slava«, ein 188 Meter langer Kreuzer, ist eines der modernsten Kriegsschiffe der Sowjets. Es ist mit 16 Lenkwaffen bestückt, dazu kommen noch zehn weitere Abschusseinrichtungen. Präsident Bush wird aber, genauso wie Michail Gorbatschow, seinen Fuß nicht auf ein gegnerisches Kriegsschiff setzen. Die »USS Belknap« ist wesentlich älter, nämlich 25 Jahre, ist aber 1975 als Lenkwaffenkreuzer neu adaptiert worden. Gorbatschow ließ offenbar in weiser Voraussicht die »Maxim Gorki« im Hafen vor Anker gehen. Und so wird auf diesem Luxuskreuzer an diesem Tag fünf Stunden lang verhandelt.

Im Pressezentrum, das die maltesische Regierung eingerichtet hat, beginnt unterdessen das lange Warten. Die Korrespondenten, die beim Weißen Haus akkreditiert sind, nehmen die meisten Plätze ein. Wie immer bei solchen Gelegenheiten hungern die Journalisten nach Neuigkeiten, welcher Art auch immer. Das Presseamt des Weißen Hauses kann freilich den Appetit nicht stillen. Die amerikanischen Auskunftspersonen sitzen alle am Schiff fest. Und dass die Journalisten am Festland auch Gesprächspartner brauchen, daran hat offenbar niemand gedacht. Die Sowjets wiederum haben gelernt, wie man Öffentlichkeitsarbeit betreibt. Bunte Broschüren liegen bereit, in allen Details wird die sowjetische Außenpolitik dargestellt. Vladimir Posner, Chefkommentator des sowjetischen Fernsehens, empfängt eine Gruppe jüdischer US-Journalisten und diskutiert mit ihnen über Antisemitismus in der Sowjetunion.

Im großen Pressesaal kommen die Russen den Bedürfnissen der Medien weiter entgegen. Georgi Arbatow, ein enger Berater von Gorbatschow, erläutert gemeinsam mit anderen hohen Funktionären Probleme der sowjetischen Innen- und Außenpolitik. Und findet danach auch Zeit für ein Interview mit dem ORF. Auch Raissa Gorbatschowa ist wieder dabei – am Nachmittag ist ein Stadtbesuch geplant. Die Kolonne fährt nach La Valetta, niemand darf überholen. Wer es trotzdem versucht – wie ein grauer Kleinwagen, den ich vor mir sehe –, wird unsanft daran erinnert, dass man kein Pardon kennt: Er bekommt einen Tuscher von einem der Begleitfahrzeuge.

Auch die abschließende Gesprächsrunde findet auf der »Maxim Gorki« statt – Präsident Gorbat-

Marschflugkörper auf dem Flugzeugträger USS-Forrestal

US-Botschafter Henry Grunwald, US-Außenminister James Baker, Bundeskanzler Franz Vranitzky, Wien 1989

schow will kein Risiko eingehen und sich weder per Hubschrauber noch mit dem Begleitboot auf einen der beiden Raketenkreuzer bringen lassen. Höhepunkt und Abschluss des Treffens ist die gemeinsame Pressekonferenz der beiden Staatsmänner.

Schon im Eingangs-Statement macht Präsident Bush klar, dass sich Malta von Jalta, wo über den Kopf der Europäer hinweg Weltpolitik betrieben wurde, eindeutig unterscheidet. Wir haben in vielen Bereichen Fortschritte erzielt, sagt er, aber es liegt weder an den USA noch an der Sowjetunion, das künftige Schicksal der Europäer oder irgendwelcher anderer Völker zu bestimmen. Er sei überzeugt, dass eine kooperative Zusammenarbeit ihrer beiden Länder mehr Sicherheit und eine freundlichere Zukunft bedeute.

Gorbatschow legt ähnliche freundliche Töne an: »Wir haben gemeinsam festgestellt, dass die Welt eine Epoche verlässt, die Epoche des Kalten Krieges, und in eine neue Epoche eintritt – es ist ja erst der Anfang gemacht worden – eine Epoche einer langen, friedlichen Periode.«

Und dieser Friede wird auch durch eine explodierende Scheinwerfer-Lampe nicht gestört, auch wenn die Aufregung unter den Sicherheitsleuten entsprechend groß ist …

Am Tag danach ist die Spannung verflogen. Die Sonne scheint und die Fahnen flattern ziemlich beschädigt von den Masten. Das Meer hat sich beruhigt und Malta gehört zu ihrer eigenen Überraschung wieder ganz den Maltesern.

Die White-House-Journalisten sind, so schnell wie sie eingeflogen sind, wieder abgezogen, mit einer vielleicht erfreulichen Erkenntnis: Nicht Europa, sondern nur Zeichnungen mit den beiden Kriegsschiffen sind während dieses Gipfels in Malta verkauft worden.

Platz zum Joggen gibt es auf dem Flugzeugträger genug, Neapel 1987

Ostergrüße aus Pakrac, 1993

Pakrac in Westslawonien ist eine geteilte Stadt. Sie liegt 130 Kilometer südöstlich der kroatischen Hauptstadt Zagreb. Hier richtete die UNO einen Checkpoint ein. Und hier werden die beiden Kriegsparteien, Serben und Kroaten, voneinander getrennt. Und gelegentlich zusammengeführt …

Doch an diesem Donnerstag Ende März kommen die, die zusammenwollen, nicht zusammen. Eine Frau mit zwei Kleinkindern weiß noch nicht, dass das Treffen abgesagt wurde. Ein kanadischer UNO-Soldat versucht es ihr klarzumachen – erst auf Englisch, und als er merkt, dass er damit nicht weiterkommt, mit einer unmissverständlichen Handbewegung. Und dann mit noch einer. Auf der serbischen Seite werden die Wartenden ebenfalls wieder weggeschickt – man nimmt an, dass der überraschende kroatische Vormarsch im Süden, auch wenn er schon länger zurückliegt, die Serben verstört hat …

Mit einem kleinen Fernglas versucht die junge Frau ihre Mutter in der abmarschierenden Gruppe auszumachen. Ich frage sie, wann sie ihre Mutter zum letzten Mal gesehen hat. Fünf Monate sei das her, antwortet mir die Frau, aber heute hätten sie mit Hilfe der UNPROFOR zusammenkommen sollen, man hat sie brieflich informiert. Inzwischen ist auch ihre Cousine am Checkpoint aufgetaucht. Auch sie wurde von den Schutztruppen der UNO ursprünglich verständigt, dass das Treffen heute hier stattfinden würde. Aber es wird bald klar, dass es sinnlos ist, zu warten.

Mitten im Niemandsland beim Checkpoint richtete ein junger Mann eine Art Kaffeehaus ein. Er schildert, was sich bei früheren Treffen abgespielt hat: »Sehen Sie, das ist sehr traurig, weil Kroaten und Serben hier jahrelang zusammengelebt haben. Sie haben untereinander geheiratet, sie sind verwandt, haben Familien gegründet, die einen sind dort, die anderen da geblieben. Wenn sie sich jetzt treffen, hört man nur Weinen und Elend … Die Politik geht ihre Wege, das Volk und die Armen büßen dafür, auf dieser und auf der anderen Seite. Das ist sehr traurig … Die einfachen Arbeiter wissen nichts von der Politik und die da oben, die Politiker, machen, was sie wollen.«

Die Einwohner nennen Pakrac das zweite Vukovar. Wie die Stadt in Ostslawonien ist auch Pakrac unter dem Artilleriefeuer der Serben gelegen. Am 21. August 1991 begann hier der Krieg – in Straßenkämpfen war einmal die eine Seite erfolgreich, dann die andere. Kaum ein Haus blieb unbeschädigt. Die Zerstörung war vor allem deshalb so enorm, weil die Stadt südlich und nördlich von Hügeln umgeben ist – und diesen strategischen Vorteil wussten sowohl die Serben als auch die Kroaten auszunützen.

Bis zum Ausbruch des Krieges war rund die Hälfte der Bevölkerung dieser Gegend serbischer Abstammung, etwas mehr als ein Drittel waren Kroaten, der Rest bekannte sich zu anderen ethnischen Gruppen. Im Januar vergangenen Jahres handelte die UNO einen Waffenstillstand aus. Seit damals gilt Pakrac als die am meisten zerstörte Stadt, die sich in den Händen der Kroaten befindet.

Dipl.-Ing. Franjo Sirac ist Vizebürgermeister von Pakrac. Wir fragen ihn, wie sich die Situation für ihn in den vergangenen zwei Jahren geändert hat. Pakrac sei vor dem Krieg eine schöne Kulturstadt gewesen, sagt er, aber während des Krieges seien 90 Prozent der Infrastruktur und der Wohnobjekte zerstört worden. Pakrac, so fügt er hinzu, sei heute eine ruinierte Stadt. Sie wurde durch die serbischen Angriffe zerstört. Die Serben hätten vorgehabt, sie zur Hauptstadt Westkrajinas zu machen. Aber das, so ist sich der Vizebürgermeister sicher, werde nie geschehen. Meine Frage, ob sie gelegentlich serbische Mitbürger treffen würden, verneint Herr Sirac.

Das einzige Spital in dieser Region ist längst nicht mehr in Betrieb … Aber erstmals gibt es wieder so etwas wie einen Funken Hoffnung. An der Rückseite des Spitals wird gearbeitet. Die Kriegsschäden werden beseitigt …

Auch neben der alten Mittelschule ist man nicht untätig. Ein kleiner Trupp von Arbeitern stapelt Ziegel, der Turnsaal war nur noch ein Trümmerhaufen, aber wenigstens daraus will man noch das Beste machen.

Wir fragen den Einsatzleiter, was er für die vordringlichste Aufgabe beim Wiederaufbau hält. »Unser Plan ist es, möglichst viele Häuser zu reparieren, Dächer zu decken, praktisch alle öffentlichen Gebäude herzurichten, an erster Stelle sind es die Schulen, Kindergärten und das Krankenhaus … Dann natürlich Einfamilienhäuser, wo Menschen ums Leben gekommen sind oder verwundet wurden. Wir bemühen uns jedenfalls, qualitativ gut zu arbeiten. Darüber hinaus ist die Hilfe, die Österreich leistet, von großer Bedeutung. Wir benützen die Werkzeuge, die gespendet wurden, hier auf den Baustellen. Sie können sich selbst davon überzeugen. Aber es fehlt uns noch vieles. Das notwendigste Werkzeug fehlt uns immer noch. Aber auch an Privathäusern wird gearbeitet, in bescheidenem Ausmaß. Die wenigsten haben das Geld für die Renovierung.«

Im Nachbarort Lipik finden wir in einem Park die Reste eines einzigartigen und früher sehr beliebten Thermalbades – auch das ist ein Opfer des Kriegswahnsinns geworden.

Überhastete Flucht aus der Küche, Pakrac 1993

Ein Hinweisschild, das ins Nirgendwo führt, Lipik 1993

Auf der serbischen Seite von Pakrac bietet sich das schon bekannte Bild. Zerstörte Häuser, wenig Menschen, auch von hier sind viele geflohen. Aus 170 Dörfern sollen die Kroaten die vorwiegend serbischen Einwohner vertrieben haben. Ethnische Säuberung mit umgekehrten Vorzeichen. So jedenfalls beschreibt es der serbische Polizeichef, der uns eine Lektion erteilt: Deutsche und Österreicher würden sehr einseitig über diesen Krieg berichten. Die Menschen hier lassen uns jedenfalls diese Abneigung nicht spüren.

Wir fragen den serbischen Ortschef, wie sich sein Leben hier geändert hat: »Es ist grundlegend anders. Mein früheres Leben war ein bürgerliches, strebsames, freiheitsliebendes, während jetzt das Kriegschaos seine Folgen nach sich zieht. Ich lebe nicht mehr in meinem Haus, ich bin selbst ein Flüchtling. Ich führe jetzt ein Leben, das ich niemandem empfehlen würde.«

Dann werden wir abgelenkt. Eine Wagenkolonne neuer deutscher Autos mit Hamburger Kennzeichen biegt in unsere Straße ein – offenbar serbische Gastarbeiter, die Hochzeit halten. Ein Fahrer hält bei uns an – er reicht uns eine Flasche Whisky, wir müssen einen Schluck nehmen, es zu verweigern würde keinen guten Eindruck machen. Fast jeder Hochzeitsgast trägt eine Flasche Branntwein in der Hand. Dann marschiert noch ein kleiner Gesangsverein auf. So lässt sich der Krieg vergessen.

Kaum ein Haus blieb unbeschädigt, Pakrac 1993

Breyten Breytenbach, Südafrika 1994

Kurz vor den ersten freien Wahlen in Südafrika, an denen Schwarze und Weiße gleichberechtigt teilnehmen durften, traf ich in einem Hotel in Durban den Schriftsteller Breyten Breytenbach. Er war ein strikter Gegner der Apartheid-Politik, heiratete 1962 eine Französin vietnamesischen Ursprungs und wurde 1975, als er mit einem falschen Pass nach Südafrika zurückkehrte, festgenommen und anschließend zu sieben Jahren Gefängnis verurteilt. Danach wurde er nach Frankreich abgeschoben. Erst mit der Aufhebung vieler rassistischer Gesetze (unter anderem auch des »Mixed Marriages Act«) entschloss sich der Dichter, der viele seiner Werke in Afrikaans veröffentlicht hat, zurück in seine Heimat zu reisen. Ich verbrachte zu jener Zeit eine Woche in Südafrika, war bei Nelson Mandelas letztem Wahlkampf-Auftritt vor den ersten freien Wahlen, an denen erstmals auch die schwarzen Einwohner teilnehmen durften, im Stadion von Soweto dabei und sprach mit Breyten Breytenbach über die Wahlen und die Zukunftsaussichten seines Landes.

Breyten Breytenbach, Durban, Südafrika, 1994

Freudenkundgebung im Stadion von Soweto, Südafrika 1994

Helmut Opletal (ORF) fängt für seine Reportage Stimmen ein, Soweto 1994

Das Kraftwerk
dominiert die
Elendsquartiere
von Soweto, 1994

Nelson Mandela kommt im Stadion von Soweto an, Südafrika 1994

Breytenbach: »Es ist ein Traum und gleichzeitig ein Alptraum. Die Verfassung ist schlecht, ich glaube nicht, dass die Wahlen wirklich frei und fair sein werden, und ich glaube, wir stehen am Anfang einer sehr schwierigen und blutigen Periode – aber dennoch: Es ist wichtig, dass diese Wahlen stattfinden.«
EF: »Worauf basiert diese düstere Einschätzung?«
Breytenbach: »Nun, hier sterben mehr Menschen als in Bosnien und auch nicht viel weniger als in Ruanda und Burundi. Sie müssen doch festgestellt haben, dass in dieser relativen Ruhe die Weißen weiterhin in ihren isolierten, abgesicherten Enklaven leben. Das hier ist ein sehr gewalttätiges Land, mit ungeheuren Erwartungen und Bedürfnissen, und die Spannungen und tatsächlichen Unterschiede werden nicht angesprochen. Trotz der Tatsache, dass Afrika in sich zusammengebrochen ist, dass der Kommunismus sich in Osteuropa als handlungsunfähig, grausam und unterdrückend erwiesen hat, trotz all dem wird man das auch hier versuchen – das liegt einfach in der Natur der Menschen. Ich

Das Stadion in Soweto, Südafrika 1994

glaube, dass die Voraussetzungen sehr gut dafür sind, dass in ein paar Jahren eine wirklich revolutionäre Situation eintritt, in der die Partei als Kommunistische Partei auftritt und nicht unter dem Deckmantel des ANC agiert, so wie heute. Ich fürchte – und ich betone ausdrücklich, ich fürchte – dass in fünf Jahren hier das Blut fließen wird, hier wird Bürgerkrieg herrschen, das Land wird sich in Auflösung befinden. Ich fürchte, wir bewegen uns in diese Richtung. Unsere Staatsmänner haben aus der Geschichte nichts gelernt. Niemand, kein einziger.«

EF: »Auch Nelson Mandela nicht?«
Breytenbach: »Nein, auch er nicht. Mandela ist der Führer einer Mehrheit. Es ist seine historische Aufgabe, diese Mehrheit zu befreien und ihr zur Macht zu verhelfen. Und das wird er erreichen. Ich ziehe meinen Hut vor ihm. Ich bewundere ihn außerordentlich, seinen Mut. Aber er hat auch nicht gelernt … Es geht da um Kreativität, darum, eine völlig neues Südafrika zu gestalten, und das wird nicht gelingen.«

Jetzt muss er 20 Jahre alt sein, was wohl aus ihm geworden ist? Südafrika 1994

Von Kopf bis Fuß auf ANC eingestellt, Soweto 1994

Breytenbach war denkbar pessimistisch. Fast nichts von dem, was er voraussagte, ist eingetroffen – auch wenn sich die ganz optimistischen Erwartungen ebenfalls nicht erfüllt haben: Südafrika ist die stabilste Demokratie des schwarzen Kontinents, Gewalttaten und Korruption, die Aids-Epidemie und zu einem Teil auch die – soziale – Ungleichheit lassen aber noch viel Platz für Verbesserungen.

Die USA

Eugen in Eugene, Oregon 2001

Nach meinem ersten Aufenthalt in New York zwischen 1979 und 1984 sind mir die USA sehr ans Herz gewachsen – mit kritischer Distanz, die ich mir zu bewahren versucht habe, aber doch mit besserer Kenntnis, als wenn ich nur ein paarmal auf Urlaub in die Staaten geflogen wäre.

Immer wieder traf ich faszinierende Persönlichkeiten, so manche hatten österreichische Wurzeln. Eine war etwa Hedy Kempny, über die ich für die »Presse« im Juni 1985 einen Artikel verfasste.

»Mit einem Strauß Blumen in der Hand stehe ich vor dem Haus in der 86. Straße, in der Nähe der Amsterdam Avenue in New York … Wie ausgemacht läute ich zwei Mal. Nach einer kurzen Wartezeit wird das Tor mit einem lauten Summton entriegelt. Schmale Stufen führen in den dritten Stock. Eine Dame steht vor der Tür. ›Das Mädchen mit den dreizehn Seelen‹, entfährt es mir, noch ehe mir bewusst ist, dass sie es wohl nicht sein kann. Frau Lene ist eine Freundin, deutlich jünger als Hedy Kempny. Über sechzig, aber doch nicht neunzig. Ich stelle mich vor …«

Im Wohnzimmer sitzt die ehemalige Freundin des berühmten österreichischen Autors Arthur Schnitzler, »zurückgelehnt in mehrere zusammengestauchte Polster. Sie wirkt schmal, etwas gebrechlich in ihrem blumenbunten Schlafrock, das Haar grau, doch voll, die Gesichtszüge freundlich, beinahe etwas schelmisch.« Auf Schnitzler selbst deutet in der kleinen Wohnung nichts hin, auch wenn er in ihrem Leben eine so bedeutende Rolle gespielt hat. Mit ihm, so schrieb sie in ihrem Buch, konnte sie über alles reden. Alle anderen Männer haben sie nur gelangweilt. Sie war damals 24, er 57. »Schaun Sie, als Mann oder als Freund hat er mich nicht interessiert. Ich wollte einfach mit ihm reden, was er denkt, was er so sagt.« Schnitzler habe ihr finanziell kräftig unter die Arme gegriffen. Das erste Mal war es ein Tausendmarkschein, versteckt in einem Buch, das er ihr gerade übergeben hatte. Er sah darin nichts Besonderes, schildert sie mir. »Schau, ich bin ein reicher Mann«, zitiert sie seine Großzügigkeit, »du bist wie meine zweite Tochter.«

Hedy Kempny, eine Freundin Arthur Schnitzlers, New York 1985

Ölpipeline in Alaska, 1991

Als ich 1986 in den ORF zurückkehrte, bemühte ich mich auch dort, immer wieder Themen zu bearbeiten, die mich in die USA führten. Bevor ich schließlich als Korrespondent in Washington landete, bekam ich einige Aufträge, die mir noch gut in Erinnerung sind.

Alaska 1991

Nach dem Tankerunglück der »Exxon Valdez«, die im Prince William Sound in Alaska auf Grund gelaufen war und dabei Millionen Liter Öl ins Meer auslaufen ließ, flog ich nach Anchorage und fuhr von dort nach Valdez, wo meine Produzentin und ein Kameramann auf mich warteten. Ursprünglich hätte uns die Firma »Exxon« einen Hubschrauber zur Verfügung stellen sollen (so wie sie es für andere TV-Gesellschaften ebenfalls tat), aber als wir uns im zuständigen Büro danach erkundigten, stellte sich heraus, dass wir nicht auf der Liste waren. Nun war guter Rat teuer – wir wussten, dass wir ohne Hubschrauber nicht auf die Insel kamen, deren Verschmutzung wir ja zeigen wollten und mussten, um den Schaden, der angerichtet wurde, auch in seiner ganzen Dimension darstellen zu können. Valdez wiederum ist eine Kleinstadt, in der Hubschrau-

Flug über den Gletscher im Prince-William-Sound, Alaska 1989

ber nicht einfach so herumstehen. Wir erkundigten uns auf dem Flughafen, aber außer einem Fluggerät vom Innenministerium und einem der amerikanischen TV-Gesellschaft CBS war kein Helikopter zu sehen. Doch beim Namen CBS wurde ich hellhörig. Ich erinnerte mich, dass ich in der Waldheim-Affäre mehrmals mit amerikanischen Kollegen dieses Fernsehsenders zu tun gehabt hatte. Der Zufall wollte es, dass derselbe Redakteur, der damals in Wien tätig war, nun in Anchorage saß und von dort den Einsatz seiner Reporter koordinierte. Jason Sacca – gleich wird klar, warum mir der Name unvergesslich geblieben ist – wollte von mir nur wissen, wie lange wir den Hubschrauber ungefähr benötigen würden (wir hatten keine Ahnung, aber ich vermutete, eine Stunde), und gab dann gleich das OK, wir durften den CBS-Helikopter benützen, und das auch noch kostenlos. So flogen wir ab, fragten den Kapitän eines Riesentankers, ob wir ganz knapp über sein Schiff fliegen dürften, um besonders dramatische Effekte zu erzielen, landeten auf zwei Inseln, um dort die Verschmutzung zu filmen, und am Ende fragte uns der Pilot, ob wir uns den Gletscher noch genau ansehen wollten – das Besondere dabei sei, dass er ins Meer »kalbt« und von dort den Berg hinauf bis auf 3000 Meter zieht. Und diese Strecke nahmen wir dann auch, mit dem zusätzlichen Nervenkitzel, dass der Pilot, oben angekommen, in die Gletscherspalte hineinflog und die Seitenwände zum Greifen nahe waren (zu allem Überfluss waren die Spalten auch nicht vom Lineal gezogen, sondern kurvenreich wie eine Alpenstraße …).

Space-Shuttle im Huckepack, New York 1994

Dagegen waren alle anderen USA-Reisen, auch jene, die ich dann während meiner »offiziellen« Tätigkeit unternahm, harmlos. Oft eröffneten sie mir neue Erkenntnisse, aber das Spannungsmoment, das ich vom Hubschrauberflug in Alaska in Erinnerung hatte, wurde – zum Glück – nie wieder erreicht. Viele landschaftliche Schönheiten des Landes waren tatsächlich atemberaubend – die endlosen Weiten, die plötzlich aus dem Erdboden schießenden Berge, von denen manche wie Monumente aussehen und daher auch so genannt werden, oder – als technische Meisterleistung –

Start des Space-Shuttle in Florida, 1999

der Start eines Space-Shuttle vom Kennedy-Raumfahrtzentrum in Florida (15 Jahre davor hatte ich die riesige Saturn-Rakete in Houston besucht, die in jeder Hinsicht zeigt, wie klein der Mensch im Vergleich zum Weltall ist, das es noch zu entdecken gilt). Mich hat dabei nicht so sehr der Feuerball beeindruckt, der beim Start entstanden ist, sondern der unbeschreibliche Lärm, den die Raketen verursachen: Es war, als würde ein Güterzug mit Dutzenden schwer beladenen Waggons direkt durch meine Ohren brausen.

Da soll noch jemand sagen, wir vertragen uns nicht: Raimund Löw und Eugen Freund um zwei Uhr früh in einer Pause der Berichterstattung zu den US-Präsidentschaftswahlen, 1996

Nicht weniger aufregend, wenn auch etwas ruhiger (was die Dezibel betrifft), waren Reisen, die ich mit dem Präsidenten der USA unternommen habe. Leider ist es mir nicht gelungen, in der »Air Force One«, also dem Präsidentenflugzeug, mitzufliegen, darin werden immer nur einige wenige, ausgesuchte amerikanische Journalisten mitgenommen. Aber es gibt eine zusätzliche Journalisten-Maschine, die in den meisten Fällen schon vor dem Präsidenten ankommt.

Die Reise beginnt schon zeitig morgens: Um 6 Uhr muss man sich bei der Pressestelle der Andrews Air Force Base in der Nähe von Washington melden – das heißt um 5 Uhr aufstehen, allerdings auch nur dann, wenn man sich in einem nahegelegenen Hotel einquartiert, um sich die Fahrt vom Wohnort zum Flughafen zu ersparen. Zu jener Zeit – also vor dem 11. September 2001 – waren die Wächter bei der Einfahrt zur Militärbasis äußerst freundlich: Nicht einmal das Auto wird kontrolliert. Selbst beim eigentlichen Presseeingang wird man nicht nach dem Ausweis gefragt, ich füllte nur ein Papier mit den wichtigsten Angaben aus und bekomme dafür einen kleines blaues Papier, auf dem die Reiseroute niedergeschrieben ist: Präsident Clinton ist auf Wahlreise unterwegs und wird dabei Knoxville/Tennessee, Dayton/Ohio und Louisville/Kentucky besuchen. Zunächst passiert einmal nichts, erst um halb acht steigen wir in einen Bus ein, der uns, an der eindrucksvollen, riesigen Maschine des Oberkommandierenden vorbei, zu unserem Charterflugzeug bringt: eine 757 der Delta Airlines. Mit mir klettern noch ungefähr 60 bis 70 andere Journalisten und Kameramänner die Gangway hinauf. Alle haben die gleiche

Wenn der Präsident „in town" ist, macht das den Polizisten Kopfzerbrechen, Dayton 1996

Aufgabe: Sie müssen oder können darüber berichten, wie Clinton um Stimmen kämpft.
Nach einer Stunde sind wir in Knoxville, dort warten auf den Präsidenten eine Band und leicht bekleidete Cheerleader (das spielte sich noch vor jenem denkwürdigen Ereignis ab, das mit dem Stichwort »Monika Lewinsky« keiner weiteren Erörterung bedarf ...). Für uns sind drei Autobusse bereitgestellt, die uns in die Stadt bringen. Ein großes Konferenzgebäude ist das vorläufige Ziel: Davor stehen schon Hunderte Menschen, die durch einen Metalldetektor gehen müssen, um ins Gebäude eingelassen zu werden. Für die Journalisten ist ein Konferenzsaal mit Telefon reserviert, und einem großen Bildschirm, auf dem wir dann den Präsidenten beobachten können. Dabei hält er nur einige Dutzend Meter von uns entfernt, aber durch Mauern getrennt, seine Rede. Zum Glück werden wir auch kulinarisch verpflegt, im selben Raum, in dem wir alle arbeiten, ist auch ein Buffet aufgestellt worden. Draußen vor dem großen Konferenzgebäude bemerke ich eine Absperrung der Polizei, auf der die Worte: *Crime Scene – do not cross* aufgedruckt sind – auch nicht schlecht für einen Versammlungsort, an dem der Präsident der USA spricht. Das wird nur noch übertroffen von einer ähnlichen Absperrung vier Stunden später in Dayton: *Biohazardous material – do not cross* (so viel wie: »giftige Stoffe, nicht betreten ...«).
Gegen ein Uhr geht es wieder zurück in den Autobus und zum Flughafen, mit der ernüchternden Erkenntnis, dass der Präsident am Bildschirm in Tennessee genauso aussieht wie am TV in Washington. In Dayton, wo wir als nächstes landen, ist die Veranstaltung im Freien angesetzt. Um genau 4 Uhr 05 ist es dann so weit: das Secret Service untersucht alle meine Taschen. Am verdächtigsten erscheinen ihnen meine zwei in einem Nylonsäckchen eingewickelten Knäckebrote – die sehen aus, fühlen sich an und schmecken wie Plastiksprengstoff. Erst als ich mich bereit erkläre, sie auf der Stelle runterzuschlucken, sind die Polizisten beruhigt. (Das wäre heute auch nicht mehr möglich – sie würden in mir wahrscheinlich einen besonders gefinkelten Selbstmordattentäter vermuten). Draußen wartet das Volk geduldig, eingepeitscht von lokalen

Bill Clinton auf Wahlkampftour in Dayton, Ohio 1996

Als hätte Clinton den Baseball-Schläger noch gebraucht: Er prügelte auch so seinen Gegner nieder, Louisville, Kentucky 1996

Politikern, die die Ausstrahlung des Präsidenten für ihre Sache nützen. Clinton kommt aus einem Nebengebäude, der Jubel ist unbeschreiblich, der Besuch des Präsidenten ist für viele ein einmaliges Ereignis. Mir gelingen (hoffentlich) ein paar schöne Fotos und ein paar Kameraschwenks mit meiner kleinen Kamera.

Dayton wird als Erfolg abgehakt, immerhin haben wir diesmal den Präsidenten in Fleisch und Blut zu sehen bekommen.

Noch besser wird es im nächtlichen Louisville. Dort ist die Veranstaltung ebenfalls im Freien, in einer Straße vor dem Museum, in dem früher einmal die berühmten Baseballschläger hergestellt und jetzt auch ausgestellt werden. Dort frieren die Menschen schon seit drei Stunden vor sich hin, nur der Jazz, den sie vorgesetzt bekommen, beschwingt sie einigermaßen. Leider ist es keine Band, sondern offenbar eine Platte, denn Musiker sind keine zu sehen. Clinton tritt um etwa 21 Uhr auf, und während er seine Standardrede hält, lässt mich das Secret Service hinter die Absperrung, direkt unter das Rednerpult: Dort wird wieder einmal fotografiert und gefilmt, was das Zeug hält, ich weiß ohnehin nicht wofür, wahrscheinlich später einmal für die Kinder.

Danach wirft sich Clinton noch in die Menge, die Polizisten müssen ihn zurückhalten, weil er auf das Geländer steigt, um möglichst viele Hände schütteln zu können. Ich kann ihm, mit Mikrofon und Videokamera voll beschäftigt, kaum die Hand geben, als er bei mir vorbeikommt – aber ich bin ja auch kein Wähler, für den das ein so unvergessliches Ereignis bleiben wird, dass er noch in der Wahlzelle daran denkt. Um 10 Uhr 40 geht es schließlich zurück zum Flughafen, um halb eins kommen wir – einigermaßen erschöpft – in Washington an. Es hat sich – alles in allem – gelohnt.

Für den Komiker Jon Stewart ist es zum Weinen, wie sich Politik und Medien verhalten, Washington Mall 2010

Washington war ja lange meine zweite Heimat – wenn ein Ort, in dem man ständig nur beruflich tätig ist, überhaupt zu einer Heimat werden kann: Wir wohnten etwas außerhalb der amerikanischen Hauptstadt und dort fühlten wir uns, nicht zuletzt wegen der vielen Freunde, die wir nach und nach gewonnen hatten, wirklich wohl. Viele von ihnen, möglicherweise hatte das etwas mit ihrer liberalen politischen Haltung zu tun, trafen wir auch im Oktober 2010 wieder, als wir gemeinsam mit 250 000 Menschen einen Vormittag auf der »Mall« verbrachten, dem riesigen, rechteckigen Platz zwischen dem Capitol und dem Lincoln Memorial. Jon Stewart, einer der grandiosesten politischen Humoristen der USA, hatte die Idee gehabt, eine Gegenveranstaltung zu all den rechtskonservativen Schreihälsen zu veranstalten, die das Land – vor allem über den TV-Sender Fox – gegen die Politik Barack Obamas aufmunitionierten. Sein Ziel war es, wieder »Vernunft« in den Diskurs einzubringen – dazu lud er seine Zuseher ein, die von Montag bis Donnerstag jeden Abend auf »Comedy Central« von ihm erfahren, was die meisten anderen Medien entweder unter den Tisch fallen lassen oder verzerrt wiedergeben. Unter strahlendem Himmel, bei angenehmen Temperaturen, ließ Jon Stewart an diesem Samstag ein Feuerwerk an humoristischen Einlagen los, ohne verletzend zu wirken: »Wenn alles nur mit einem Verstärker wiedergegeben wird, hören wir bald nichts mehr« – ein Kernsatz aus seiner Rede, der viel Wahrheit enthält.

Das Capitol, der Sitz des amerikanischen Kongresses, bei Tag ...

Das Vietnam Memorial in Washington D.C. trägt die Namen von 58 281 US-Opfern des Vietnam-Krieges, 1999

... und bei Nacht, Washington 2010

Feuerwerk hinter dem Washington Monument zum Jahreswechsel 1999/2000

Atlanta während der Olympischen Spiele 1996

Der Richter verurteilte den Ladendeib [sic!], sich vor den Supermarkt zu stellen, damit alle lesen können, was er getan hat, Terre Haute, Indiana 2001

Gegenüberliegende Seite: McDonald's in Las Vegas

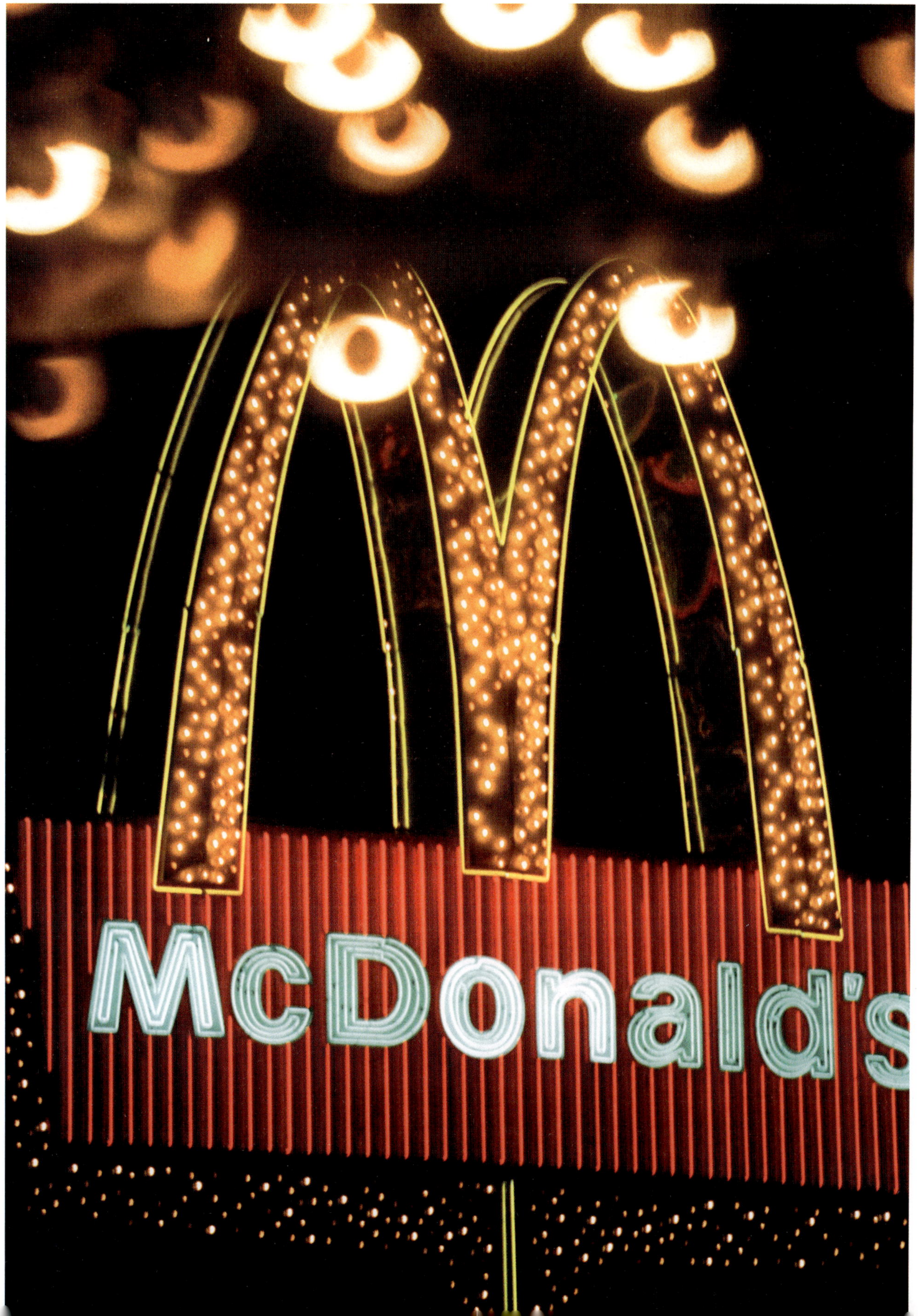
McDonald's

Monument Valley im Morgen- und im Abendlicht, Arizona 1998

Ein langer Weg zum Monument Valley, 1998

Im Grand Canyon am Rande des Abgrunds, Arizona 1984

Hoch hinaus: Der Frisbee-Jäger in Malibu, Kalifornien 1984

Auch die Möwe genießt den Blick über den Acadia Nationalpark, Maine 1997

Im Hudson Valley State Park, New York 1988

Korea meets lion, Princeton, New Jersey, 2010

Präsident Ronald Reagan verlässt die UNO, New York 1984

Der Sarg mit Timothy McVeigh, der in Oklahoma ein Bundesgebäude gesprengt hatte, wird nach seiner Hinrichtung in Terre Haute, Indiana, abtransportiert, 2001

Studenten-Cafeteria in Princeton, New Jersey 2010

Generalkonsulin Brigitta Blaha und Karin Thun-Hohenstein genießen eine Schifffahrt am East River, New York 2006

Hillary Clinton
auf Senats-
Wahlkampftour,
2000

Barack Obama als Wahlkämpfer in Leesburg, bewacht (oben) und bewundert (unten), Virginia 2008

Tschernobyl 2006

Eine alte Frau steht am Grenzbalken – so etwas wie ein Hoffnungsschimmer streicht über ihr Gesicht: Es ist später Nachmittag, der Himmel wird langsam dunkel, die Vögel zwitschern sich schon in den Schlaf. In unserem Minibus erscheinen wir wie eine Rettung: Die ukrainischen Beamten am Wachhäuschen wollen sie nicht durchlassen – schließlich liegt dahinter das Sperrgebiet, die 30-Kilometer-Zone rund um Tschernobyl, in die niemand einfahren und in der schon gar niemand wohnen sollte. Aber sie wohnt schon länger wieder dort, die alte Frau mit den wässrigen Augen, dem roten Kopftuch, den kaputten Zähnen, einem Drahtgeflecht um die Schultern und ein paar dürren Zweigen in der Hand …

»Ich lebe seit 1937 hier, aber nach der Katastrophe haben sie uns gezwungen, von hier wegzuziehen. Ich wollte nicht, aber sie haben mich gezwungen. Hier gibt es keine Arbeit, ich bin alt und bekomme eine kleine Rente. Jetzt habe ich einen kleinen Bauernhof und ernte auch ein bisschen – ich baue mein eigenes Gemüse und Obst an. Außer mir leben noch einige Leute hier, aber wir brauchen Strom, denn ohne Strom ist es sehr unangenehm.«

Den Ukrainern, die uns in unserem Bus begleiten, kommt es zu gefährlich vor, die Frau einsteigen zu lassen, gegen den Willen der Wächter. Die Verhandlungen mit den Polizisten dauern so lange, dass es mittlerweile dunkel geworden ist – und so bleibt die Alte für uns das einzig sichtbare Beispiel jener Rückwanderer, die trotz hoher Strahlung wieder in die Sperrzone zurückkehrten.

Wir waren selbst gerade beim Reaktor: »Sarkophag« nennen ihn die Ukrainer jetzt, weil das eigentliche, verstrahlte Gebäude etwa ein Jahr nach der Katastrophe mit einer Betonverschalung versehen worden ist: ein Sarg, über den Komplex gestülpt.

Als wir ankommen, ziehen gerade zwei Frauen und ein Mann mit weißen Kopftüchern und einem Mundschutz, der um das Kinn baumelt, an uns vorbei – Schichtwechsel. Sie lachen, als wir sie mit Kamera und Mikrofon zu verfolgen versuchen, sprechen wollen sie nicht. Dafür ist ein eigener Fachmann abgestellt worden.

Igor Starovoitow schildert uns, dass 3800 Menschen immer noch im Komplex beschäftigt sind. Schließlich waren die anderen Atomkraftwerke hier in Tschernobyl – die, die von der Katastrophe nicht direkt betroffen waren – noch bis zum Jahr 2000 voll in Betrieb und werden nun Schritt für Schritt eingemottet. Die komplizierteste Arbeit aber betrifft Reaktor Nr. 4, den Unglücksreaktor. Dort wird immer noch der verstrahlte Schutt weggeräumt, unter schwierigsten Bedingungen …

»An einigen Stellen ist die Radioaktivität so hoch, dass sie nur wenige Minuten arbeiten können – in anderen Bereichen sind sie länger beschäftigt. Erst messen sie die Radioaktivität und danach beurteilen sie, wie lange sich die Spezialisten in diesem Bereich aufhalten können. Bevor sie hineingehen, um ihre Aufgabe zu erfüllen, machen die Arbeiter ein Spezialtraining. Und sie bekommen spezielle Werkzeuge. Damit trainieren sie, dann gehen sie hinein und arbeiten dort drei oder maximal fünf Minuten.«

In Schutzkleidung, versteht sich: Gummistiefel, Gummihandschuhe oder noch ein besseres Material, Gasmasken. Der bröckelnde Sarkophag muss stabilisiert werden – trotz einer dicken Betonschicht ist er an vielen Stellen undicht gewor-

Arbeiterinnen kommen aus dem Wrack des zerstörten Kernkraftwerkes von Tschernobyl, 2006

den, deshalb soll jetzt eben eine neue Konstruktion errichtet werden. Schließlich befinden sich immer noch ca. 200 Tonnen spaltbares Material im Reaktor, das ständig strahlt und strahlt.

Die Konsequenzen bekommen die Menschen immer noch zu spüren – selbst wenn sie außerhalb der Sperrzone zuhause sind.

Das österreichische Rote Kreuz richtete eine mobile Klinik ein – mit Diagnosegeräten und Laptops werden vor allem in ländlichen Gebieten die Bewohner untersucht, die sonst einen zu weiten Weg zum Arzt hätten.

Das kleine Haus, in dem die Untersuchungen durchgeführt werden, liegt am Rand des Ortes – ein leicht heruntergekommener Ziegelbau, die Eingangstür und die Fensterrahmen sind hellblau gestrichen, das halbe Vordach droht jeden Moment auf den Treppenaufgang zu knallen – aber Gefahr ist ein relativer Begriff hier im Umkreis von Tschernobyl.

Drinnen, in einer Art Warteraum, sitzen eng nebeneinander fünf Frauen – warm in Daunenjacken gehüllt, mit Pelzstiefeln und Kopftüchern. Und mit der schrecklichen Erkenntnis, dass auch jetzt noch, 20 Jahre nach der Katastrophe von Tschernobyl, überdurchschnittlich viele Krebsfälle entdeckt werden.

Eine junge Frau will sich durchchecken lassen, sie ist bisher noch nie untersucht worden, jetzt hat man sich ihre Schilddrüse genauer angesehen.

Der zuständige Arzt schildert uns den bisherigen Fortgang der Untersuchungen: »Es ist vor allem die Schilddrüse, die sich als besonders gefährdet herausstellt – nicht alle, die jetzt einen Knoten aufweisen, werden dann auch Krebs be-

Der Spielplatz in Pripjet, nur wenige Kilometer von Tschernobyl entfernt, 2006

kommen, aber dennoch besteht darin die größte Gefährdung.«

Das bestätigt auch der Leiter der lokalen Rot-Kreuz-Stelle: Die Katastrophe von Tschernobyl unterscheidet sich von anderen Unglücksfällen dadurch, dass die Konsequenzen daraus Jahr für Jahr schlimmer werden.

Vor allem in der Altersgruppe, die damals noch nicht 18 Jahre alt war. »Vor fünf Jahren hat unser mobiles Diagnoselabor nur zwei Fälle von Schilddrüsenkrebs gefunden – heuer waren es 68 Fälle.«

Igor Nagorni, der uns als Fachmann und als Übersetzer begleitet, weiß noch mehr Zahlen: »Im vergangenen Jahr sind 90 000 Personen mit den mobilen Laboratorien überprüft worden – bei 10 000 hat man dabei Hautveränderungen festgestellt, 221 davon haben sich als Schilddrüsenkrebs herausgestellt … Und seit 1997, als die Durchuntersuchungen begonnen haben, sind über 1100 Krebsfälle diagnostiziert worden …«

Kein Wunder, denn, so erklärt uns Igor Nagorni, auch wenn die Radioaktivität rund um den Tschernobyl-Reaktor am höchsten ist, gibt es genug Gegenden, in denen die Strahlung fünf- bis zehnmal höher ist als normal.

Betroffen waren vorerst vor allem Menschen, die im unmittelbaren Einzugsbereich der Strahlenwolke lebten. Ein derartiger Ort war Pripjet, nur drei Kilometer von Tschernobyl entfernt.

Seit 20 Jahren hat niemand mehr hier gesessen, Pripjet bei Tschernobyl 2006

So etwas hatte ich noch nie gesehen: Von der Decke eines Wohnhauses hingen Stalaktiten: tropf, tropf, tropf machte es, wenn man nur ein wenig wartete. Es war feucht und kalt in dem Gebäude. Kein Wunder, seit 20 Jahren wurde hier nicht mehr geheizt. Diese Stadt hatte zu ihrer besten Zeit rund 50 000 Einwohner, viele arbeiteten damals im nahegelegenen Kernkraftwerk. Nach der Katastrophe dauerte es noch fast zwei Tage, bis die Bewohner evakuiert wurden. Seit damals ist Pripjet eine Geisterstadt: So wie die Menschen ihre Wohnungen fluchtartig verlassen hatten, findet man sie heute vor. Theoretisch. In der Praxis erkennt man sehr rasch, dass Plünderer und Randalierer auch vor Gamma-Strahlen nicht halt machen: eingeschlagene Fensterscheiben, zerstörte Möbel, ausgeräumte Klassenzimmer – was nicht niet- und nagelfest war, wurde entweder kleingeschlagen oder mitgenommen. Was höher oben ist, blieb auch dort: die Aufschrift am Hotel, die Dekorationen mit Hammer und Sichel an den Lichtmasten (nur die Glühbirnen wurden offenbar mit Gewehrschüssen erledigt).

Der Spielpark – er hätte am 1. Mai 1986 eröffnet werden sollen – zeigt sich in seinem ganzen bizarren Zustand: Am Riesenrad hängen noch die Kabinen, die Fahrzeuge im Autodrom sind zwar verrostet, aber sie stehen auf ihrem Standplatz, als würden die Kinder jeden Moment Platz nehmen.

Staatsbesuche

Mehr als ein Foto vom Händedruck ist oft nicht zu sehen, vielleicht lässt das gequälte Lächeln noch Interpretationsmöglichkeiten offen. Aber das ist es auch schon, was über den Bildschirm flimmert, oder was in Zeitungen als Foto veröffentlicht wird, wenn der Außenminister oder gar der Bundespräsident eine Auslandsreise unternehmen. In Wirklichkeit beginnt diese relativ unspektakulär immer im Sondergastraum des Flughafens Wien Schwechat. Treffpunkt ist zwei Stunden vor Abflug, da ist extra eine große Sicherheitsreserve eingebaut: Niemand kommt pünktlich – am wenigsten die Journalisten –, dann werden die Koffer eingesammelt (der Bundespräsident hat da immer sehr effiziente Begleitpersonen, die sich um Pässe, Gepäck und andere Kleinigkeiten kümmern) und schließlich fährt der HBP vor (dieses Kürzel für den »Herrn Bundespräsidenten« findet selten Eingang in den Wortschatz der Öffentlichkeit ...). Wenn es die Zeit erlaubt, wird jeder Einzelne noch begrüßt: Meist sind mehrere Minister dabei (je nachdem, welchen Schwerpunkt der Staatsbesuch hat), fast immer der Präsident der Wirtschaftskammer – Wirtschaft ist *immer* ein Schwerpunkt – und in seinem Schlepptau Vertreter größerer, aber manchmal auch kleiner österreichischer Unternehmen.

Auch wenn wir eine ausgesuchte Gruppe sind, am Sicherheitscheck kommt man auch als VIP nicht vorbei. Und noch ein Mythos verdient es, aufgeklärt zu werden: Bis auf den Bundespräsidenten und ganz wenige seiner engsten Mitarbeiter fliegen wir alle in der zweiten Klasse. Und, schlimm genug: Es gibt immer einige Unverbesserliche, die sich nicht an das Rauchverbot halten und glauben, weil es sich um einen Sonderflug handelt, dürften sie zur Zigarette greifen – ich habe da fast jede Intervention beim Flugpersonal verloren ...

Der Präsident, oder jedenfalls die beiden, die ich in den letzten Jahren ein paarmal auf Staatsbesuchen begleitete, erweisen sich als Menschen wie du und ich. Während des Fluges gehört es schon fast zum Ritual, dass sie »nach hinten« kommen, zum gemeinen Volk sozusagen, und mit jedem ein mehr oder weniger kurzes Gespräch führen. Von den Unternehmern erfahren sie dann meist, worin ihre Anliegen bestehen, von uns Journalisten meist nur, was sie ohnehin schon wissen. Mit dem verstorbenen Thomas Klestil verband mich eine langjährige Bekanntschaft, die noch auf unsere gemeinsame Zeit in New York zurückging. Sie wurde nicht nur durch die Zusammenarbeit in der österreichischen Vertretung bei den Vereinten Nationen gefestigt, sondern vor allem auch durch gelegentliche Tennisspiele, die Klestil allerdings (nicht nur, weil ich höflich und ihm untergeordnet war) immer gewann. Wenn er, wie zuletzt auf seiner Reise nach Teheran, eine Pressekonferenz abhielt, kam er nachher auf mich zu und fragte mich, meist leise, so dass es die anderen nicht hörten: »Na, wie war ich?« und ich sagte – unabhängig davon, was ich mir wirklich dachte: »Eh gut, war eh alles ok!«

Gardesoldaten vor dem Abflug von Bundespräsident Thomas Klestil, Teheran 2004

Thomas Klestil auf Staatsbesuch bei Mohammad Khatami, Teheran 2004

Mohammad Khatami und Christoph Leitl, Teheran 2004

Ein Militärjet begleitet uns nach Oslo, 2007

Norwegen ist ein reiches Land: Die Erdöl- und Erdgasvorkommen sind klug in eigene Pensionskassen investiert worden, von jedem Euro, den wir für den hohen Ölpreis zahlen, profitiert in irgendeiner Form auch die norwegische Gesellschaft. Auch wenn, wie wir im Juli 2011 schmerzhaft erfahren mussten, Einzelne daraus die falschen Schlüsse ziehen.

Bundespräsident Fischer ist im Anflug, zwei F16 eskortieren unsere Sondermaschine, als wir in das Staatsgebiet eindringen, auf Einladung natürlich. Und weil die Freiheit über den Wolken bekanntlich grenzenlos ist, in diesem Fall »parteigrenzen-los«, werden die Düsenjets auch von allen aus der Kabine fotografiert und bestaunt: von Wirtschaftsminister Bartenstein genauso wie vom Bundespräsidenten und der Außenministerin. Besonders eindrucksvoll ist die Malerei am Leitwerk: ein Tigerkopf mit fletschenden Zähnen – wie aus einem Tierpark.

Ein wenig martialisch, wie es bei Staatsbesuchen üblich ist, geht es dann auch beim offiziellen Empfang des Bundespräsidenten durch den König zu: Vor dem Schloss im Zentrum von Oslo werden 21 Salutschüsse abgefeuert, und die Militärkapelle intoniert die entsprechende Musik. Eine Gruppe von Kindern, ein wenig zu jung, um schon zu wissen, wen sie da vor sich haben, schwenkt enthusiastisch norwegische Fähnlein, als die Wagenkolonne ankommt. Vorerst ist jedoch einmal Warten und das Abschreiten der Ehrenkompanie angesagt.

König Harald V. machte das sicherheitshalber kurz vorher schon einmal, er übte sozusagen für den Bundespräsidenten. Erst danach – wenn ich die Handbewegung aus der Entfernung richtig beurteilte – begibt sich der König auf besonderen Wunsch Heinz Fischers mit dem republikanischen Staatsoberhaupt zu den jubelnden Kindern, ein »Heija, heija, heija« entfährt ihren Kehlen, als der Staatsgast jedem Einzelnen von ihnen die Hand hinstreckt. Am Schluss hält Heinz Fischer sogar ein norwegisches Fähnlein als Trophäe in der Hand.

Bei der anschließenden offiziellen Begrüßung im Schloss kann ich nicht dabei sein. Und so befürchtet der neugierige, aber nun enttäuschte Beobachter, dass ihm wieder nur die einschlägige Lektüre beim Zahnarzt oder beim Friseur bleibt, um herauszufinden, wie der König und seine Gemahlin so wirklich sind. Oder er geduldet sich bis zum nächsten Tag.

Und tatsächlich, näher bin ich noch nie an einen König herangekommen: Als König Harald V., seine Gemahlin und die österreichischen Staatsgäste beim Nationalmuseum ankommen, spüre ich geradezu den Luftzug, den die Gruppe beim Vorbeimarschieren an uns Journalisten erzeugt. Fast bin ich geneigt, »Herr König, Herr König«

Bundespräsident Heinz Fischer, sicher verwahrt im Staatswagen, Oslo 2007

zu rufen, aber Seine Majestät hätte damit sicher keine Freude. Nun dürfen wir auch ganz ungezwungen mit ins Museum, dort scharen sich wiederum Kinder um die ungewöhnlichen Besucher. Jetzt könnte ich schon den Rockzipfel des Monarchen anfassen, so tolerant ist die Bewachung – aber auch das verkneife ich mir. Fotografieren – kein Problem: Der König mit dem berühmten »Schrei« von Edvard Munch (nach dem spektakulären Raub vor zwei Jahren jetzt hinter einer dicken Panzerglasscheibe mit deutlichen Spuren von nachlässiger Behandlung – was aussieht wie Taubendreck sind offenbar Kratzspuren), die Königin vor romantischen Meeresstimmungen, alles wird aufs digitale Bild gebannt.
Zur Abrundung des monarchischen Eindrucks fehlt nur noch ein richtiges königliches Essen – und auch das gibt es, wenngleich mit den für die Bedeutung des Berichterstatters notwendigen Einschränkungen.
Woran merkt man, dass man im Rang doch nicht hoch genug eingeschätzt wird und daher bei einem königlichen Diner nicht gerade den besten Platz zugewiesen bekommt? Wenn einem die Gardesoldaten bei der Ankunft des Monarchen, seiner Familie und des Bundespräsidenten mit den Trompeten direkt ins Ohr blasen. Das ist beim der Wand am nächsten gelegenen Tisch. Aber nur dort bekommt man dann auch genau mit, wie eine eigens abgestellte Dirigentin die unzähligen Kellner mit entsprechenden Handbewegungen so instruiert, dass alle gleichzeitig die Speisen abliefern – freilich erst, nachdem der

Im Anflug auf die Ölbohrinsel, Norwegen 2007

Gut verpackt auf der Ölbohrinsel, Norwegen 2007

König bedient worden ist. Aber das ist auch in Ordnung so.

Für den nächsten Tag hatte sich der König eine besondere Sehenswürdigkeit ausgedacht: einen Besuch auf einer Bohrinsel, mitten in der Nordsee. Um dorthin zu gelangen, mussten wir uns erst alle so anziehen, als würden wir es nicht ganz bis hin schaffen: einen orangen, wasserfesten Overall, dicht abgeschlossene Gummistiefel, gefütterte Handschuhe und ein elektronisches Rettungsgerät, das einige Stunden piepst, auch wenn die Wassertemperatur nur knapp über dem Gefrierpunkt liegt.

Der Hubschrauber-Flug zur Bohrinsel machte schnell klar, warum diese Sicherheitsvorkehrungen notwendig waren: dichter Nebel ab dem Start, über dem offenen Meer eine steife Brise und man wusste nicht, wo oben und wo unten ist (»man« wusste es nicht, die Piloten offenbar schon). Nach etwa einer dreiviertel Stunde war die Ungewissheit zu Ende. Ein riesiges Stahlgerüst mit einem mehrstöckigen Gebäude auf einer Seite kam in Sicht. Die Landung im Sturm gelang bravourös, der Hubschrauber setzte punktgenau am vorgesehenen Platz auf. Der norwegische König und sein republikanischer Gast aus Österreich schafften die Strecke ebenfalls unversehrt.

Nach einer ausgedehnten Führung durch die Innereien der Bohrinsel war es dann an mir, ein ausgesprochenes Tabu zu brechen. Könige werden nicht interviewt, oder genauer, norwegische Könige werden dann nicht interviewt, wenn man nicht Wochen zuvor um einen Gesprächstermin angesucht hat. Das hatte ich nicht. Aber ich schlich mich an Harald V. mit einem Mikrofon in der Hand heran, und gerade als Heinz Fischer mit seiner Antwort fertig war, fragte ich den König (schon als ich den Mund aufmachte und mich sichtbar an ihn wandte, ging ein hörbares Raunen durch die königliche Begleitmannschaft), wie er denn reagiert habe, als vor rund

Heinz Fischer tapfer voran, König Harald hüstelt, Norwegen 2007

30 Jahren erstmals Erdöl vor der Küste Norwegens entdeckt worden sei.
Der König: »Wir konnten es erst nicht glauben …«
Der freche Reporter: »Haben Sie geahnt, dass sich da eine Goldmine auftut?«
Der gnädige König: »Niemand hat gewusst, wohin das führen würde … Da waren einige, die dachten, es würde eine Menge geben, und andere, dass es nur wenig Öl sein würde und für die norwegische Wirtschaft unerheblich. Aber die haben sich geirrt …«

(Danach erfuhr ich von seiner Begleitung, sie hätten Derartiges noch nie erlebt, dass ein Journalist sich ungebeten an ihren Monarchen wendet.)
Das galt übrigens auch für den Abschied: Heinz Fischer – offenbar beeindruckt von meinem lockeren Umgang mit Harald V. – umarmte den König, eine ehrliche, herzliche Umarmung, die freilich bei einigen ein ähnliches Augenbrauen-nach-oben-Ziehen auslöste wie mein Interview mit dem Herrscher.

Gardesoldaten
in Ankara, Türkei 2008

Der Filmemacher David
Schalko schreckt vor nichts
zurück, Ankara 2008

Heinz Fischer erweist sich tatsächlich gelegentlich als unkonventionell: Bei seinem Besuch in der Türkei nahm der Bundespräsident die als religiös-konservativ geltende Ehefrau von Staatspräsident Abdullah Gül um die Mitte und schob sie zurück in das Gästehaus. Das Ganze dauerte zwar nur wenige Sekunden, wurde aber von den einheimischen Journalisten in die Kategorie »Bruch des Protokolls« eingereiht – nur das Präsidentenpaar nahm das nicht ganz so ernst. Sonst verläuft ein derartiger Staatsbesuch immer auf Schienen: für Spontaneität ist da nicht viel Platz, nicht zuletzt weil – wie in der Türkei – die Schauplätze oft wechseln und man in 48 Stun-

Bruno Aigner lernt fliegen
Bosporus, Türkei, 2008

Ein letzter prüfender Rundgang, bevor die Ehrengäste eintreffen, Ankara 2008

den von der Kranzniederlegung am Grabmal des Republikgründers Kemal Atatürk in Ankara über Kayseri (der Geburtsstadt des Präsidenten), von den einzigartigen Felsformationen in Kappadokia zurück nach Istanbul fährt, wo der österreichisch-türkische Modeschöpfer Atil Kutoglu vor dem Generalkonsulat seine Modelle am Bundespräsidenten vorbeistolzieren lässt, und dort auch noch kurz ein Schiffsausflug eingeplant ist, nach dem man dann geschlaucht in den Flugzeugsitz fällt.

Der Tiroler Landeshauptmann Herwig van Staa, Bundespräsident Heinz Fischer und seine Frau Margit, Salzburgs Landeshauptfrau Gabi Burgstaller, Neu Delhi 2005

In Indien hatten wir etwas mehr Zeit, schließlich dauerte auch die Anreise länger – aber diese Reise hatte auch zwei völlig unterschiedliche Ziele: der offizielle Teil beinhaltete ebensolche Gespräche auf Staatsebene, auch dort musste natürlich am Grab – diesmal von Mahatma Gandhi – ein Kranz niedergelegt werden. Indien präsentierte sich aber auch als moderner Internet-Staat und zeigte sich in Bangalore von seiner technologisch aufgeschlossensten Seite. Dort befindet sich ein Cluster von Hightech-Firmen, noch in den wenigsten wird tatsächlich etwas hergestellt, meist sind es Unternehmen, die weltweit Aufträge etwa für Datenverarbeitung übernehmen. Aber, wie das Beispiel von Hannes Androschs Leiterplattenwerk in Nanjangud beweist, kann man dort auch qualitätsvoll und billig für weltweite Abnehmer produzieren.

Vor so viel Profil steht sogar die indische Garde „Habt Acht“: profil-Herausgeber Christian Rainer, Neu Delhi 2005

Danach trennen sich unsere Wege: Der Bundespräsident reist nach Hause, eine Gruppe von Journalisten und Mitgliedern österreichischer Hilfsorganisationen begeben sich auf den Weg in jene Gebiete, die im Dezember 2004 von einem katastrophalen Tsunami getroffen wurden: Wir stehen am Strand von Nagapattinam, dort, wo bis zum 26. Dezember 2004 die Fischer an der Ostküste Indiens täglich aufs Meer hinausfuhren. Jetzt stehen sie da, ohne Boote, ohne Netze, ohne Einkommen. Joseph P. John, der die Arbeit der Evangelischen Kirchen in dieser Gegend koordiniert, sieht für die Fischer keine Alternative. Die meisten kennen nichts anderes als das Meer, sagt er, sie können nirgendwo anders hingehen, und sie können auch nur fischen. Das Meer, so formuliert er bildhaft, ist ihre Mutter, ihr Vater, ihr Brot und ihre Butter.

Den Vater und die Mutter können die Hilfsorganisationen nicht ersetzen, aber wenigstens – im übertragenen Sinn – das Brot und die Butter. So werden zum Beispiel Bootsreparaturen unterstützt, oder auch neue Boote angeschafft, denn die, die hier am Strand liegen, sind zum größten Teil irreparabel. Entweder sind sie durch die Macht der Welle in der Mitte auseinandergebrochen oder herumtreibende Holzteile haben Löcher in den Rumpf gebohrt.

Jede Aktion, die von Österreich ausgeht, wird von indischen Schwesterorganisationen mitge-

Meinhard Rauchensteiner (Präsidentschaftskanzlei) und sein neuer bester Freund, Indien 2005

Botschafter Martin Eichtinger und sein neuer bester Freund, Indien 2005

Indische Arbeiter am Nachhauseweg, 2005

tragen: Die Caritas hat genauso indische Partner wie die Diakonie oder die Volkshilfe, die hier ein komplettes provisorisches Dorf errichtete. Aber es entwickelten sich auch ganz spontane indische Aktionen. Wir treffen auf eine Gruppe von Schülerinnen, die jeden Tag hierher kommen, um sich vor allem um die Kinder zu kümmern. Viele Kinder sind traumatisiert und haben Angst, dass wieder ein Tsunami kommt, erklärt eines der Mädchen, dann laufen sie im Traum ins Meer und glauben, sie würden sterben. So denken die Kinder, wir versuchen ihnen mit Liebe und Zuwendung diese Probleme zu nehmen …

Im nächsten Ort ist die Katastrophe noch deutlicher sichtbar als anderswo: Hier liegen zertrümmerte Boote – bis zu acht Meter lang – mitten im Ort, hineingeschwemmt von der riesigen Welle. Auch der Hafen – oder was davon übriggeblieben ist – ist ein einziges Trümmerfeld. Die Fischerboote liegen noch so herum, wie sie der zurückweichende Tsunami gegen- und aufeinander geschleudert hat – brauchbar ist keines mehr.

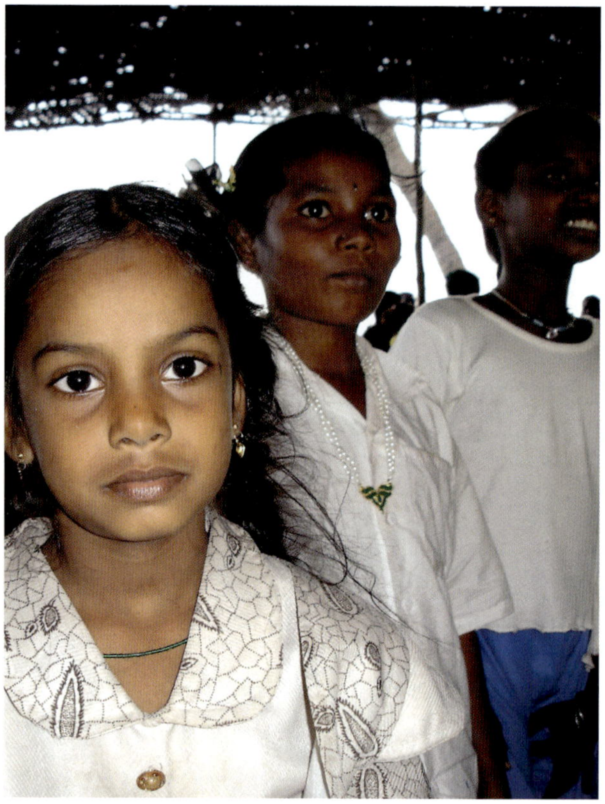

Nach dem Tsunami werden Kinder in Flüchtlingslagern untergebracht, Indien 2005

Aus zerstörten Teilen werden neue Boote gebaut, Pondicherry, Indien 2005

Was Räder hat, ist ein Transportmittel, Indien 2005

Mittlerweile ist aus dem Baumstamm ein neues Boot geworden, Indien 2005

Jeden Moment muss George Bush erscheinen, Wien Schwechat 2006

Die US-Staatslimousine verstellt den Eingang zur Zuckerbäckerstiege, Wien 2006

Knapp bevor George Bush auftritt: Irgendjemand stellt eine Affenpuppe ans Rednerpult, Brdo, Slowenien 2008

Der US-Präsident greift in die Brusttasche, zieht – nein, doch nicht, Wien 2006

Der französische Präsident ist nicht erfreut über die Mitteilung, Wien 2006

Die Hand des Bundespräsidenten senkt sich leicht auf die Schulter von Kurt Seinitz (»Kronen Zeitung«), Znaim, Tschechien 2003

Heinz Fischer hat dem türkischen Präsidenten Abdullah Gül etwas ganz Wichtiges zu sagen ..., Ankara 2008

Madeleine Albright stellt sich den Fragen von Eugen Freund, Wien 2003

Ramallah

Als ich im Winter 2006 in Ramallah über die ersten einigermaßen freien Wahlen in den palästinensischen Gebieten berichtete, deutete sich die Spannung zwischen und die darauf folgende Spaltung der beiden dominierenden Parteien Hamas und Fatah bereits an. Es lag Elektrizität in der Luft, als der Demonstrationszug von ein paar hundert Hamas-Anhängern durch Ramallah zog, eine Stadt, die von der Fatah dominiert war (und ist). Die Polizei war sichtbar nervös, an jeder Ecke standen kleinere Gruppen von Polizisten und fingerten an ihren Maschinenpistolen herum. Die Slogans, die durch die Gassen schallten, klangen wie Schlachtgesänge, und bei der Abschluss-Kundgebung wurden die Anhänger noch einmal so richtig auf die Gegner eingeschworen. Aber am Ende verlief die Demonstration friedlich, am nächsten Tag fand die eigentliche Wahl statt: Abu Mazen, wie der Präsident von seinen Landsleuten genannt wird, oder Mahmud Abbas, wie ihn der Westen kennt, erschien im Wahllokal, plauderte mit den umstehenden Palästinensern und gab dann seine Stimme ab. Nachdem die Hamas die Wahlen gewonnen hatte, verschlechterte sich die Stimmung zusehends. Die Hamas bildete eine eigene Regierung im Gaza-Streifen, es kam immer öfter zu schweren Auseinandersetzungen mit Fatah-Getreuen, und zu allem Überfluss wollte auch der Westen, der die freien Wahlen (nur mit einem anderen Ausgang) gefordert hatte, mit den Radikalen der Hamas nichts zu tun haben.

Palästinenserpräsident Mahmud Abbas besucht ein Wahllokal, Ramallah 2006

Die Hamas ähnelt in gewissem Sinne der PLO vor 30 Jahren. Sie wurde als Terrororganisation gebrandmarkt (was sie – siehe Flugzeugentführungen und diverse blutige Attentate – auch war) und die gleichen politischen Kräfte, die heute jede Verhandlungsbasis mit der Hamas ablehnen, taten das auch damals. Erst als Yassir Arafat, die damals dominante Figur der Palästinenser, dem Terror abschwörte und einer politischen Anerkennug Israels zustimmte, war er sogar selbst auf dem Rasen des Weißen Hauses gern gesehen. Der nicht unwesentliche Unterschied zu heute besteht freilich darin, dass die PLO damals kaum eine so mächtige Rivalin hatte, wie sie die Hamas heute für die Fatah darstellt.

Im Frühjahr 2011, nach vielen gescheiterten Anläufen, hatte es den Anschein, als versöhnten sich auf Betreiben Ägyptens die verfeindeten Brüder Fatah und Hamas: Welchen Einfluss diese Annäherung, so sie nun tatsächlich zustande kommt, auf die Lage im Nahen Osten und, ganz spezifisch, auf das Verhältnis zwischen den Palästinensern und den Israelis allerdings haben wird, ist derzeit noch offen. Die Regierung in Jerusalem hat vorsorglich gleich einmal erklärt, sie würde mit einer Gruppierung, die Israel nicht anerkenne, nichts zu tun haben wollen.

Wahlkundgebung der Hamas, Ramallah 2006

Eine Mauer ist auch dann eine Mauer, wenn sie nicht so genannt werden darf, Israel 2006

Früh übt sich ..., Jerusalem
2006

Schon bald wird der Sohn das Geschäft des Vaters übernehmen, Ramallah 2006

Drei Tage in Kairo 2011

Wenigstens befinde ich mich in guter Gesellschaft. 125 Millionen Dollar haben das amerikanische Verteidigungsministerium und der Geheimdienst in den vergangenen drei Jahren für eine Studie ausgegeben, in der die künftigen weltpolitischen Krisenherde beschrieben werden sollten. Von Tunesien, Ägypten, Libyen, Jemen, Syrien oder Bahrain ist dort, wenn überhaupt, nur am Rande die Rede.

Es war erstaunlich, wie rasch ein Herrscher, von dem allgemein angenommen werden konnte, er würde fest im Sattel sitzen, aus diesem hinausfliegen kann. Ben Ali aus Tunesien kann jedenfalls ein Lied davon singen: Anfang des Jahres konnte er noch einen traumhaften Blick von seiner Villa aus über den Sandstrand auf das Mittelmeer genießen, jetzt muss er froh sein, wenn ihn das Land, in dem er sich aufhält, nicht in seine ehemalige Heimat repatriiert. Studenten, Arbeiter, Intellektuelle und Gewerkschafter taten sich im Januar 2011 zusammen, um gegen die Korruption, die Misswirtschaft, die Zensur und die diktatorischen Zustände im Land zu protestieren. Ein paar Wochen später hatten sie es tatsächlich geschafft, den Langzeit-Herrscher von seinem Thron zu stürzen. Aber, und das sollte sich noch in anderen Staaten Nordafrikas und im Nahen Osten herausstellen, es ist leichter, einen Despoten zu vertreiben, als das politische Vakuum, das dann entsteht, auch rechtswirksam zu füllen.

Wer zu spät kommt, den straft die Geschichte. Wer am Dienstag, den 15. Februar 2011, in Kairo ankommt, hat zumindest den Höhepunkt der Revolution versäumt – oder vielleicht muss man vorsichtig sagen: … zumindest den vorläufigen Höhepunkt … Am Freitag zuvor hatten die Demonstranten endlich erreicht, was sie seit Wochen gefordert hatten: Präsident Hosni Mubarak erklärte seinen Rücktritt, man sah ihn sogar seinen staatlichen Hubschrauber besteigen und Richtung Scharm El-Scheich abfliegen. Danach wurde gefeiert, der Tahrir-Platz im Zentrum Kairos wurde von einem Protest-Platz zu einem Feiertags-Platz umfunktioniert. Als ich in die Stadt kam, waren dennoch überall Panzer postiert, und überall waren Menschen zu sehen, die Fähnchen austeilten und somit ägyptischen Patriotismus demonstrierten. Ganz zur Normalität war das Land freilich noch nicht zurückgekehrt. Es gab keine Regierung, die Rolle des Militärs war weiterhin zwiespältig, der Geheimdienst, den Mubarak gegen seine eigenen Leute eingesetzt hatte, zog immer noch seine Fäden. Das Hotel war mehr oder weniger abgeriegelt, ein Panzer stand in der Seitenstraße, und um in die Halle zu kommen, musste man, wie am Flughafen, durch eine Sicherheitssperre gehen. Die Zimmer waren auf den Nil und den Tahrir-Platz ausgerichtet, aber Journalisten, das erfuhr ich dann auch von anderen Kollegen, bekamen die Nil-Seite zugewiesen. Noch waren sich die Hotelbetreiber, wohl auf Anordnung staatlicher Stellen, nicht sicher, ob die Revolution nicht neuerlich aufflackern würde.

Noch am selben Abend begleitete mich der Kameramann, der schon seit längerem in Kairo war, zur Position, wo ich meine Moderationen aufnehmen würde. Am Nil entlang, direkt neben der dreispurigen Stadtautobahn, unter schlecht erleuchteten Brücken, ging es zum Mediengebäude. Die Stadt war voll mit Menschen, auch kleine Kinder waren noch unterwegs, und überall standen die Kettenfahrzeuge, zum Teil sperr-

Auf dem Weg zur nächsten Demonstration, Kairo 2011

ten sie auch ganze Straßenzüge ab. Unser Balkon, von dem auch ORF-Korrespondent Karim El-Ghawhary ständig berichtet hatte, entpuppte sich als krönender Abschluss einer Bruchbude, im besten Sinne des Wortes: eine zugige, ausgeräumte Wohnung, die offenbar gerade im Umbau begriffen war, keine Sitzgelegenheit, überhaupt kein Mobiliar, überall hingen Kabel aus den Wänden, in der Toilette wurden gerade die Fliesen abgeschlagen, in einen Raum hatte sich ein Mitarbeiter notdürftig Strom gelegt und einen Tisch mit einem Stuhl aufgestellt – all das war natürlich weder bei Karim noch bei mir sichtbar. Wir hatten die Stadt im Hintergrund, abends beleuchtet, auf dem Fluss schaukelte das eine oder andere Ausflugsschiff (allerdings nur ein Bruchteil dessen, was sich in normalen Zeiten auf dem Wasser abspielt) und auf der Brücke rollte der Verkehr.

Der Tahrir-Platz in Kairo war schon fast wieder leer, als ich mich dort, vier Tage nach dem Sturz von Staatschef Hosni Mubarak, umsehen wollte. Um vom Hotel auf den Platz zu gelangen, musste man erst einmal an vielen Panzern vorbei, die an beinahe jeder Straßenkreuzung Wache hielten. Richtig bedrohlich erschienen sie nicht, umso weniger, als sie vorwiegend zum fotografischen Objekt der Begierde vieler Ägypter geworden waren: Entweder man platzierte die Ehefrau vor die Kettenräder, oder, auch das beobachtete ich mehrfach, man setzte die kleinen Kinder neben das Panzerrohr, ermahnte sie, ruhig zu bleiben und ging dann ein paar Schritte zurück, um so das Gesamtbild besser festhalten zu können. Selbst bei einem großen internationalen Hotel beobachtete ich, wie sich ein Hotelangestellter längere Zeit mit dem Soldaten unterhielt, der aus der Panzerkabine herauslugte. Der Wehrmann wollte nicht abgebildet werden, aber der Portier, oder welcher Beschäftigung auch immer der andere Mann nachging, hob die Finger zu einem V, zum Siegeszeichen, und lächelte in die Kamera.

Natürlich hatten die Ägypter einen Sieg erzielt. Schließlich war es ihnen gelungen, Hosni Mubarak, der sich seit fast 30 Jahren an die Macht klammerte, aus seinem Präsidentenpalast zu vertreiben. Aber wie in Tunis: Now for the hard part – das wirklich Schwierige kommt noch. Wie kann eine Regierung, die Minderheiten unterdrückt, die Führer der Oppositionsparteien ins Gefängnis steckt, die Medien an der Kandare hält und deren wichtigste Persönlichkeiten sich am Staat bereichern, wie ist ein solcher Staat in der Lage, demokratische Strukturen aufzubauen – oder jedenfalls so schnell, wie es gewöhnlich ungeduldige Medien (meist jene außerhalb des Landes) erwarten?

Zwar wird im Zusammenhang mit den Ereignissen in Nordafrika immer wieder die Frage gestellt, ob man eher Parallelen mit dem Fall des Eisernen Vorhangs oder jenen im Iran im Jahr 1979 ziehen kann – also, konkreter ausgedrückt: Steht nun eine Demokratisierungswelle in den arabischen Ländern bevor oder doch eher eine religiös-fundamentalistische Herrschaft von Islamisten? Mir erscheint das Beispiel von Jugoslawien eher anwendbar – das Ende der Tito-Herrschaft zog jahrelang kriegsähnliche Zustände nach sich, in einigen Staaten, die selbstständig wurden, sind demokratische Tendenzen sehr rasch umgesetzt worden, andere wiederum lassen bis heute derartige Einrichtungen vermissen, auch wenn sie auf dem Papier durchaus existieren. Von den ungelösten Problemen wie dem Kosovo oder auch denen in Bosnien ganz zu schweigen.

Eine seltsame Mischung aus Revolutionsführer und Diktator ist Muammar Gaddafi, der Mann mit den engen Beziehungen zu Österreich, von Kreisky zu Haider. Ich besitze noch das Titelblatt der »New York Times«, das den libyschen Herrscher Arm in Arm mit Bruno Kreisky zeigt, bei seinem offiziellen Auslandsbesuch in Österreich. Die USA waren damals entsetzt, schließlich hatte Ronald Reagan nur wenige Wochen davor Gaddafi für ein Mordkomplott verantwortlich gemacht, das angeblich gegen den amerikanischen Präsidenten gerichtet war. Das löste sich zwar in Luft auf, aber es dauerte noch rund 20 Jahre, bis die internationale Staatengemeinschaft ihren Bann gegen Libyen aufgab. Plötzlich war Gaddafi wieder ein »Guter«, nur weil er nach Verhandlungen mit Briten und Amerikanern seine Massenvernichtungswaffen aufgab. Aber er war immer noch hochgerüstet genug, um dann bei der Revolte im Frühjahr 2011 seinen Gegnern lange und blutige Schlachten zu liefern.

Oft wurde und wird in diesem Zusammenhang die Frage gestellt, warum sich die internationale Staatengemeinschaft nur zögerlich hinter die Rebellen stellt. Im Fall von Libyen zwar immerhin aus der Luft, in Syrien aber werden die Menschen (jedenfalls bis zum Sommer 2011) in ihrem Kampf gegen den Diktator alleine gelassen. Nicht selten kommt dieses Ansinnen von den gleichen Personen, die jede Intervention der Amerikaner als »Einmischung von außen« ablehnen und den USA das vorwerfen, was oft ohnehin nicht von der Hand zu weisen ist: dass ihr Interesse nicht den Menschen des jeweiligen Landes gilt, sondern den Bodenschätzen, oder, noch konkreter, dem Öl. Diesmal liegen die Dinge freilich komplizierter. Alle bisherigen »Revolutionen« gingen vom eigenen Volk aus,

Das abgebrannte Mubarak-Partei-Hauptquartier am Nil in Kairo, 2011

Ägyptische Fahnen verkaufen sich besonders gut, Kairo, Tahrir-Platz 2011

Posieren neben und auf dem Panzer der ägyptische Armee, Kairo 2011

Dieser Sonnenuntergang ist hoffentlich nicht symbolisch, Kairo 2011

ohne dass ausländische Mächte dahinter standen. In den USA gab und gibt es darüber hinaus einen »Machtkampf« zwischen den »Realisten« und den »Idealisten«: Die einen argumentieren, Libyen würde keine strategische Bedeutung für die Supermacht haben und daher einen militärischen Einsatz, der über die Durchsetzung eines Flugverbotes ginge, nicht rechtfertigen. Die anderen sehen eine Volksrevolution, die allein nicht in der Lage ist, sich gegen die Gewalt der herrschenden Klasse durchzusetzen und an deren Ende dann so etwas wie ein Völkermord stünde – dem könnten die USA nicht tatenlos zusehen. So wenig wie die Auseinandersetzungen in den beschriebenen arabischen Staaten bei Redaktionsschluss entschieden waren, so wenig war auch klar, welche Gruppe sich in den USA am Ende durchsetzen würde.

Reisen

Man würde glauben, dass jemand, der sein Leben so rastlos zwischen zwei Kontinenten verbringt, wie es nach Durchsicht dieses Buches den Anschein haben muss, kein Interesse mehr für Reisen mit dem Flugzeug zeigen kann. Obwohl es stimmt, dass ich meine Freizeit gerne in Kärnten verbringe (darauf geht dann auch noch das Kapitel »Natur« genauer ein), gehören Auslandsreisen weiterhin zu meinen Lieblingsbeschäftigungen. Vielleicht auch besonders dann, wenn ich keine oder andere Erwartungen habe an das Land, in das mich eine Reise führt. Eines, auf das diese Klassifizierung eindeutig zutrifft, ist Estland. Dorthin – so hätte und habe ich es vor dem Besuch formuliert – wurde ich verschlagen, weil meine Tochter an einem internationalen Basketball-Turnier teilnahm. »Langeweile« war wahrscheinlich noch die harmloseste Erwartung, die ich an diese Reise hatte. Aber es kam völlig anders: Es begann mit einer wunderschönen Schifffahrt von Helsinki nach Tallin. Die Stadt mit ihren sorgsam restaurierten Gebäuden, die einen interessanten Gegensatz zu den modernen Hochhäusern am Rande des Zentrums bilden, die sauberen Strände nur wenige Kilometer von der Hauptstadt entfernt, wo man mitten im Sommer noch viele Quadratmeter für sich alleine hat, die dichten Birkenwälder im Umland und die beeindruckenden Riesensteine, die in und neben den Buchten in den gepflegten Natio-

Haus in Estland, 2009

Das Ende dieses Schrittes unterscheidet ihn von einer historischen Figur ... Estland 2009

Trotz der vielen Schlösser ist der Zugang ans andere Ufer frei, Estland 2009

nalparks wie weggeworfene Schmuckstücke aussehen, all das – und natürlich die spannenden Stunden in der Basketball-Arena – verkürzten die acht Tage auf beinahe die Hälfte, jedenfalls kam das Wort »Langeweile« nicht einmal vor.

Und so ging es auch bei Reisen nach Rom, das ich vorher nur einmal bei einem Blitzbesuch mit dem Außenminister im Jahr 1979 kennen gelernt hatte, oder nach Istanbul, das ich unabhängig vom Staatsbesuch Heinz Fischers noch einmal besuchte, um dort die Rede Barack Obamas vor Studenten mitzuverfolgen.

Noch gut in Erinnerung habe ich die Reise nach Kuba. Die Kombination von Langzeit-Kommunisten (Fidel Castro) und katholischer Kirche in Person von Papst Johannes Paul II. ist, oder war, tatsächlich unwiderstehlich. Sein Besuch auf der Zuckerinsel im Januar 1998 war ein historisches Ereignis. Überall, wo der Papst mit seinem Papamobil vorbeifuhr, standen Menschenmassen auf der Straße, es war freilich ein kurzes Vergnügen, verbunden mit langer Wartezeit: Mehr als zwei Stunden vertrieben sich die Kubaner die Zeit, meist mit Gesängen oder Sprechchören, um dann den weißen Wagen und den weißen Mantel von Johannes Paul II. nur sekundenlang vorbeifahren zu sehen, und nur wenige hatten Fotoapparate, um diesen unvergesslichen Augenblick wenigstens für später festzuhalten.

In der Hauptstadt selbst wird man als Ausländer ständig angesprochen. Alles verläuft sehr freundlich, und wenn man zu verstehen gibt, dass man des Spanischen nicht mächtig ist, wird man entweder in Ruhe gelassen oder die Konversation wird auf Englisch fortgesetzt. Meist wird man gefragt, ob man einen Stadtführer möchte, wenn man das verneint (das »Nein« erweist sich überhaupt als sehr häufig verwendete Antwort…), folgt die Frage nach dem Woher: Woher man kommt, mehr noch, woher man stammt. Und zu meiner Überraschung wissen die Menschen auch viel über Österreich. Ein Ehepaar will wissen, was mich an Kuba besonders interessiert. Als ich ihnen klarzumachen versuche, dass es die Menschen des Landes sind, wirken sie nicht sehr befriedigt. Dennoch öffnen sie sich, geben sich als Bauingenieur-Ehepaar zu erkennen und auch als kritische Kubaner, die von Castro nicht viel halten: Er stecke das meiste Geld in die eigene Tasche, die Menschen würden von den wenigen Devisen, die in die Staatskassen fließen, nicht wirklich profitieren. Die nächste Begegnung an der Uferpromenade mit ihren schaurig-schönen, verfallenen Gebäuden ist eine echte Überraschung: Der Mann, der mich anspricht, ist Deutschlehrer (ausgebildet in der damaligen DDR, daher ist sein Deutsch auch mit leichtem sächsischen Dialekt gefärbt). Er könne finanziell nur überleben, sagt er mir, indem er Touristen anspreche und ihnen gute Restaurants, billige Taxis oder ebensolche Hotels empfehle und dafür eine Art Kommission beziehe. Im Moment seien die allgegenwärtigen Sicherheitskräfte ein wenig toleranter, Castro wolle den Papst-Besuch, vor allem aber sein Land, in gutem Licht erscheinen lassen und daher lasse man ihn derzeit auch in Ruhe. Davor – und wahrscheinlich auch danach – konnte seine Hilfsbereitschaft durchaus dazu führen, dass er sich vor den Behörden rechtfertigen musste.

Die Zigarre verrät seine Herkunft, Kuba 1999

Nicht viel Verkehr in den Gassen von Havanna, Kuba 1999

Mit einem Ami-Schlitten an „America" vorbei, Havanna, Kuba 1999

So reparaturbedürftig wie die Gebäude ist auch dieser Lada, Havanna, Kuba 1999

FERRETERIA
FERNANDEZ FEIJOO
362-3299
PINTURERIA

Tauben bewachen das Regierungsgebäude in Buenos Aires, 2000

Die Plaza de Mayo,
Buenos Aires 2000

Gegenüberliegende Seite:
Unverkennbar – ein Farbengeschäft,
das aber auch Eisenwaren verkauft,
Buenos Aires 2000

Eine charmante Piazza in Rom, 2007

Fünf Sekunden später ist der Gondoliere wieder weg, Venedig 2010

Puppen-Reparaturgeschäft in Rom, 2007

»Haben Sie etwas Zahnseide, bitte?«
Kappadokia, Türkei 2008

Mit großen Schritten vorbei am Glasgeschäft, Istanbul 2009

Fischmarkt in Istanbul, 2009

Die Ortaköy-Moschee neben der Brücke über den Bosporus, Istanbul 2009

Eine »Trabanten«-Stadt in der Noch-DDR, 1989

Russische Soldaten werfen einen (letzten) Blick auf DDR-Frauen, Lübben 1989

Die wahre Mode versteckt sich hier noch hinter Sehschlitzen, Katar 2001

Sportler und andere Prominente

Ich war gerade vom Central Park in New York auf dem Weg zurück ins Büro, als ich an einer Straßenkreuzung an der Madison Avenue einen Menschenauflauf beobachtete. Dahinter, an einer Telefonzelle (viele davon gibt es jetzt nicht mehr in New York) lehnten zwei Personen, die rasch als Schauspieler zu erkennen waren: wie sie angezogen waren, sie in einem weißen Doktormantel, er in einer seltsamen braunen Hose, aber natürlich auch durch den Aufbau von Kameras und Scheinwerfern. Ich kannte beide nicht und erntete auf meine Frage, wer denn das sei, nur erstauntes Kopfschütteln: »Diese beiden kennt ganz Amerika!« Raquel Welch, US-Schauspielerin und außerdem Sex-Symbol, was immer das gerade auch bedeutete. Und neben ihr stand Mickey Rooney, der sich schon ein halbes Jahrhundert davor als Kinderstar seine ersten Sporen im Stummfilm verdient hatte.

Raquel Welch verkörpert eine Geisteskranke, Mickey Rooney bleibt gelassen, New York 1981

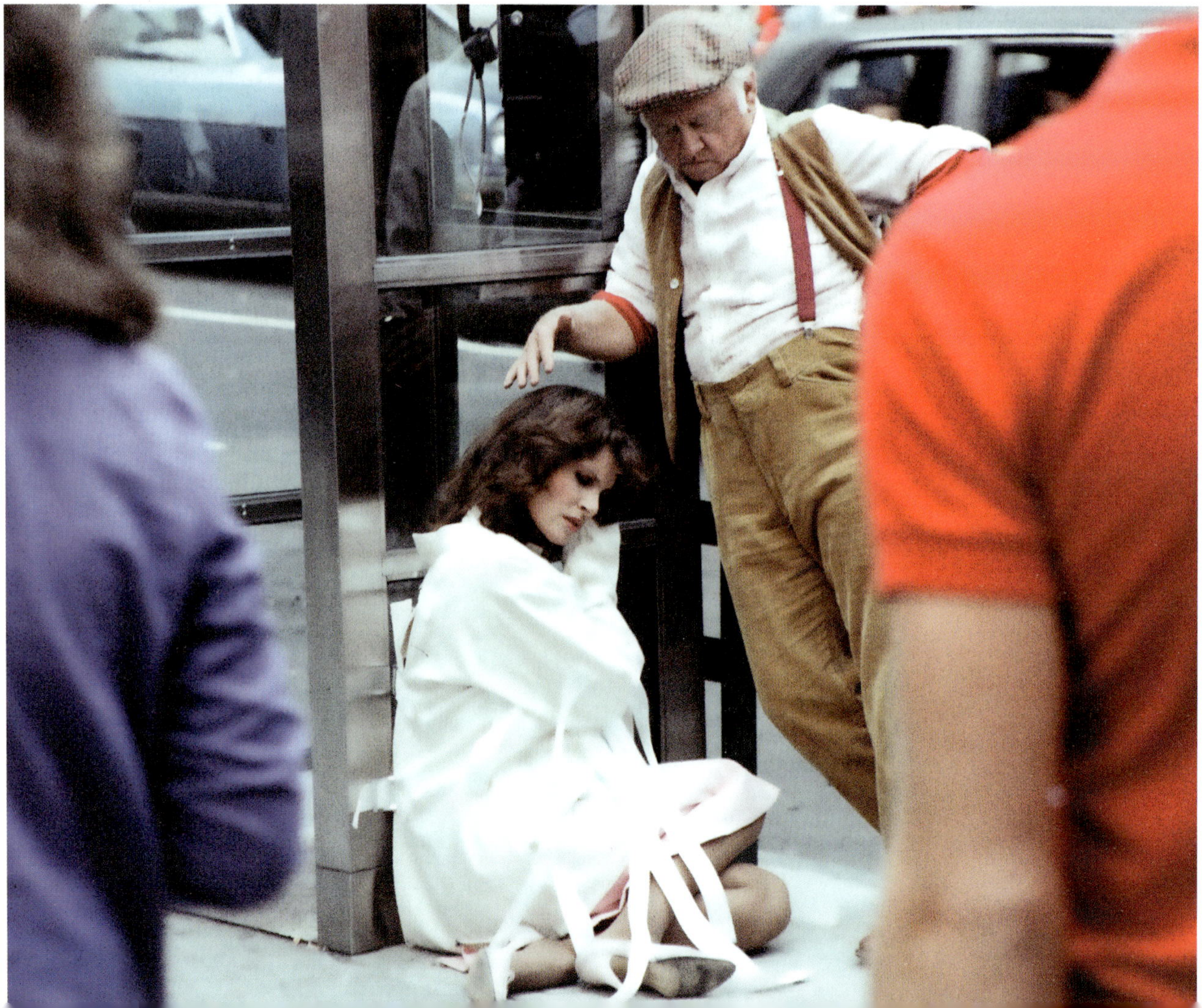

Annemarie Pröll am Höhepunkt ihrer Karriere: Siegerin im Abfahrtslauf, Olympische Spiele, Lake Placid 1980

So sehen Überraschungssieger aus: Leonhard Stock gewinnt den Abfahrtslauf der Herren, Lake Placid 1980

Meine Funktion als Presseattaché in New York brachte mich auch zu den Olympischen Winterspielen nach Lake Placid, 1980. Dort war ich dabei, als Annemarie Pröll den Abfahrtslauf der Damen gewann (erwartungsgemäß, doch nicht erwartet hatte ich, dass ich sie nach dem Sieg an einer Bar zigarettenrauchend vorfinden würde), und als Leonhard Stock (völlig unerwartet) als Sieger im Herren-Abfahrtslauf im Österreich-Pavillon gefeiert wurde.

Zum Skifahren hatte ich weniger emotionale Bindung als etwa zum Tennisspielen. Unvergessen sind mir die Matches in New York, die ich mir mit meinem Freund János Marton (der ein begnadeter ungarisch-stämmiger Tennisspieler war und ist) auf einem Betonplatz bei 35 Grad im Schatten (von dem allerdings am Platz nichts zu sehen war) im Riverside Park neben der Autobahn lieferte. Das war zu jener Zeit, als die Tennis-Größen Jimmy Connors, Ivan Lendl, John McEnroe, Vitas Gerulaitis und Mats Wilander hießen. Einige Jahre später, mein Enthusiasmus für das Spiel beschränkte sich weiterhin mehr aufs Zusehen als auf mein eigenes Können, sah ich dann die österreichischen Cracks wie Thomas Muster und Horst Skoff, als sie bei einer Daviscup-Partie im Prater die Amerikaner fast nach Hause schickten.

Jimmy Connors, einer der ganz großen US-Tennisspieler, Forrest Hills, Queens 1981

Der Argentinier Guillermo Villas, begleitet von seinem Manager Ion Tiriac, 1981

»Bad Boy«
John McEnroe
schlägt auf und
(fast) jeden, Forrest
Hills, Queens 1981

Ein denkwürdiges Davis-Cup-Spiel: Thomas Muster gegen Michael Chang (USA), Happel Stadion, Wien 1990

Hermann Maier wird von Arnold Schwarzenegger im »Planet Hollywood« empfangen, Los Angeles 1998

Alessandro Benetton, Giancarlo Fisichella und Alexander Wurz mit ihrem Formel-1-Rennwagen auf der 5th Avenue, New York 1999

Es ist kaum zu glauben, aber der Durchschnittsamerikaner hat sich sein Österreichbild hauptsächlich aus einem Film geholt, ein Film, der hierzulande kaum ein Publikum fand: »The Sound of Music«, jetzt schon über 40 Jahre alt, gehört zu den erfolgreichsten Fernsehfilmen in den USA. Er erzählt, oder »ersingt«, die Geschichte von Maria, dargestellt von Julie Andrews, die als Ordensschwester die Aufgabe übernimmt, die Kinder des verwitweten Barons von Trapp zu erziehen. Er ist von ihr dabei so angetan, dass er sie heiratet. Kurz darauf flüchten alle in die USA. Der Film wird in den Vereinigten Staaten zumindest einmal pro Jahr über eines der großen Fernsehnetze ausgestrahlt.
1987 kehrte Julie Andrews nach Salzburg gewissermaßen heim. Sie kam nicht als Maria, sondern als Julie, als Darstellerin, und brachte den Opernstar Placido Domingo als ihren Partner für die Show mit. Mitten im März drehten sie eine Weihnachts-Unterhaltungssendung – mit künstlichem Schnee und ebensolcher Stimmung. Im Mai 2001 stellte der TV-Sender ABC im Holocaust Museum einen »Anne Frank«-Film vor, der unter starker österreichischer Beteiligung zustande kam: Mit Robert Dornhelm als Regisseur und Melissa Müller, die drei Jahre zuvor mit ihrem Buch »Anne Frank – eine Biographie« weltweites Aufsehen erregt hatte. Vor der Premiere am Abend machte mich Robert Dornhelm mit dem deutschen Schauspieler Jan Niklas bekannt, der einen der acht Bewohner im Dachboden spielt, wo sich Anne Frank versteckt hielt. Nach und nach kamen die anderen Schauspieler, Hannah Taylor Gordon (Anne Frank), Ben Kingsley (Otto Frank), und sogar Disney Chef Michael Eisner ließ es sich nicht nehmen, bei der Premiere dabei zu sein. Das war ihm angeblich sogar wichtiger, als bei der Erstaufführung eines anderen Kriegsepos, »Pearl Harbor«, anwesend zu sein, das am selben Tag auf Hawaii vorgestellt wurde …

Jan Niklas, Jessica Manley, Ben Kingsley („Otto Frank“), Hannah Taylor Gordon („Anne Frank“) vor der Premiere des Films von Robert Dornhelm, Washington 2000

Die großartige Fotografin Inge Morath, einmal selbst abgelichtet, New York 2000

Ernst Fuchs studiert eines seiner Werkzeuge in Klagenfurt, 2005

Keith Haring malt eines seiner berühmten Männchen, Wien 1992

Friedensreich Hundertwasser bestaunt sein gerade fertiggestelltes Gebäude, Wien 1986

Arnulf Rainer vor seinem gleichnamigen Museum in New York, 1993

Helmut Qualtinger bei einer Lesung in Washington D.C., 1986

Placido Domingo macht eine Künstlerpause mit heißem Tee während der Dreharbeiten zu »Christmas in Salzburg«, 1987

Die Schauspielerin Sunnyi Melles denkt Lang Lang nach: Den kenn' ich doch?! Opernball, Wien 2011

Bernarda Fink kostet mein Versuch, sie zu fotografieren, nur ein Lächeln, 2008

Der am Chopin-Wettbewerb 2010 hoch ausgezeichnete Ingolf Wunder spielt im selben Jahr am Klopeiner See

Kameramann Heribert Senegacnik gönnt sich in Venedig eine Nachdenkpause, 2010

Tanja Düggelin, eine rastlose Reisende, in New York, 1983

Anelia Peschev und Atil Kutoglu vor seiner Heimatstadt Istanbul 2008

Sein Möbelhaus ist abgebrannt: Josef Rutar kann nicht hinsehen, Eberndorf 2009

Der Kaugummi füllt sich vor dem Mund von Cordula Reyer, New York 1984

Zwei Models? Nein, der Mann war einmal Gesundheitsminister – Cordula Reyer und Michael Ausserwinkler, Los Angeles 1998

Ein Mann der großen Taten und ebensolcher Gesten: Ted Turner, Atlanta 1998

An den Hosenträgern zu erkennen: Larry King, Atlanta 1998

Im Eilschritt zum nächsten Termin: UNO Generalsekretär Ban Ki Moon, Wien 2008

Valentin Inzko, Hoher Repräsentant für Bosnien und Herzegowina, und sein Sohn, Wien 2008

Der ehemalige ORF-Generalintendant Gerd Bacher im Kaffeehaus Tirolerhof, Wien 2009

Die unverkennbare Brille des IAEO-Chefs Mohammed El-Baradei – und derselbe nach einem Interview mit Eugen Freund, 2009

Papst Johannes Paul II. spricht vor Vertretern anderer Religionen in Wien, 1988

Die Natur

Die Petzen. Ganz im Südosten schaut zwischen den Bäumen die markante Hakennase dieses Südkärntner Hausberges hervor. Weil Ostern in diesem Jahr so spät ist, liegt auf der Wackendorfer Alm, jenem waldfreien Gebiet, das sich vom Gipfel nach Nordwesten hinunter erstreckt, nur noch wenig Schnee. Auch wenn sie – vor allem im Winter – sehr einladend aussieht, zum Skifahren ist die Alm nicht geeignet, oder jedenfalls nicht erschlossen. In den Sechzigerjahren wurde ein Lift errichtet, der lange Zeit nur mit einzelnen Sesseln bestückt war. Die Fahrt dauerte über 20 Minuten, oben kam man meist als Eiszapfen an. Vielleicht war das auch gut so, denn bei klarer Besinnung würde niemand die Eisbahn in Angriff nehmen, die dann nach unten führte. Als Alternative gab es noch einen Güterweg, aber der bildete selbst für Anfänger keine Herausforderung. Oder vielleicht bestand die darin, während der Abfahrt nicht einzuschlafen.

Am besten gefällt mir aber die Petzen, wenn sich im Sommer die Wolken drohend zusammenziehen und sich die Spannung dann in unzähligen Blitzeinschlägen entlädt.

Weil wir uns gerade irgendwo da unten nach dem Himmel sehnen, Blick auf Südkärnten, 2009

Mondaufgang in Südkärnten, 2009

Der Hochobir. Wie eine Pyramide ragt die 2114 Meter hohe Spitze im Südwesten in den Himmel, gleich neben ihm der Kleinobir, wegen seines völlig anderen Gipfels auch Rundobir genannt. Die beiden waren für uns immer die eindeutigen Erkennungspunkte – sie gehören zu Südkärnten wie die warmen Seen und die Zweisprachigkeit seiner Bevölkerung. Alle meine Freunde waren schon oben, bevor ich mich eines Tages entschloss, diese Bergwanderung auch zu wagen. Dazu kamen mir Freunde aus den USA zu Hilfe, denen ich versprach, sie würden von oben eine einzigartige Aussicht auf die nähere und weitere Umgebung haben. Schließlich wusste ich über die meteorologischen Bedingungen Bescheid: Der Nebel, der sich im August erstmals bemerkbar macht, verschwindet am mittleren Vormittag immer (ich wiederhole: immer) und so sollten sie sich keine Sorgen machen, wenn wir unterwegs ein wenig in Wolken eingehüllt waren. Spätestens nach der nächsten Biegung, so verkündete ich (schon ein wenig atemlos, schließlich hatte ich eine Videokamera bei mir, die zu jener Zeit aus einem Aufnahmegerät und einem ca. vier Kilo schweren Rekorder bestand), also jetzt gleich würde sich die Sonne durch den Nebel fressen und wir würden ins Tal blicken, den Klopeiner See sehen und vielleicht sogar die Volks-

Die Karawanken bremsen das Schlechtwetter, das von Süden kommt ...

schule in St. Kanzian, gleich gegenüber unserem Haus. Der langen Rede kurzer Sinn: An diesem Tag wollte der Nebel nicht weichen, konnte er auch nicht, es waren nämlich ganz ordinäre Wolken und die bildeten um den Berg einen wunderschönen Kragen.

Zwischen Petzen und Hochobir. Ojstra und Topica heißen in Anlehnung an die jahrhundertalte slowenische Besiedelung dieses Gebietes die beiden bewaldeten Bergrücken, die sich erst ein wenig spitz, dann wieder ein wenig langgezogen der Petzen gegen Westen anschließen. Genau im Süden blickt man auf fünf verschiedene Hügel, Berge, in unterschiedlichem Grün gefärbt, der Dunst, der dazwischen liegt, macht die Konturen blasser, dazwischen ein Tal, in dem Eisenkappel liegt, und dahinter ragen, fast bin ich geneigt, den Begriff »majestätisch« zu verwenden, ja, majestätisch, die Karawanken hervor. Ein Felsenkamm, bereits jenseits der österreichischen Grenze auf slowenischem Gebiet, alles andere als einladend: schroff, mit derben Zacken, so hoch, dass kein Baum mehr wächst, mit dem Fernrohr sind riesige Schotterhalden zu erkennen und Schnee: Selbst im August kann man immer wieder weiße Flecken sehen, die dann, wenn sie schon fast weggeschmolzen sind, mit frischen Flocken versorgt werden.

... erfolgreich, Südkärnten 2010

Turnersee. Eigentlich müsste er Sablatnig-See heißen, erst die Nazis haben ihn zu See der Turner umbenannt, der slowenische Name war ihnen, nun, nicht deutsch genug. Am schönsten ist er natürlich, wenn man darin schwimmt: Dann sind die Augen nur knapp über der Wasseroberfläche, am Horizont zeichnen sich die grünen Wiesen ab, nur schmale Streifen, danach kommen gleich wieder Wälder und Hügel und dahinter der schon beschriebene Hochobir. Fast hat man den Eindruck, man könnte an seinem Kamm entlang hinauf schwimmen, aber das ist nicht mehr als eine optische Täuschung. Aus einiger Entfernung ergibt sich ein ähnliches Bild, im Frühjahr und Herbst ziehen Nebelschwaden vom Wasser über das große Sumpfgebiet, das sich gegen Osten erstreckt und – wäre da nicht die Landstraße dazwischen – sich mit dem Sablatnig-Moor verbindet (das den Nationalsozialisten offenbar zu unbedeutend war und daher den Namen behalten durfte). Dort nisten Reiher, seltene Sumpfvögel, Frösche quaken um die Wette, vor allem in der Morgen- und Abenddämmerung. Im Winter, wenn es rechtzeitig ordentlich friert und nicht zu viel Schnee fällt, wird der Turnersee zu einem natürlichen Eislaufplatz, zu einem Treffpunkt für Jung und Alt. Wenn die Sonne von den Wolken leicht abgedeckt wird, die bizarren Pappeln am Ufer ihre zurechtgestutzten Äste in die Höhe recken, glaubt man, ein Gemälde von Hieronymus Bosch vor sich zu haben.

Schlittschuhlaufen auf dem Turnersee, 2011

Am Klopeiner See, 2007

Später Nachmittag am Klopeiner See, 2009

Wenn man Glück hat, geht der Mond genau hinter den Bäumen auf der Petzen auf, 2010

Was ich hier beschrieben habe, sehe ich von meiner Terrasse.

Und weil gerade vom Abend die Rede war. Nach Einbruch der Finsternis blitzen die Sterne auf, so hell und klar wie kaum sonstwo, schließlich gibt es weit und breit keine Licht-Verschmutzung, im Winter zieht der Orion seine Bahn, kommt über der Petzen hoch und senkt sich hinter dem Obir. Mein aus Deutschland stammender Großvater, der sich in den Sechzigerjahren eine eigene kleine Privatsternwarte in St. Kanzian baute, brachte mir vieles bei. Von ihm habe ich nicht nur gelernt, dass man das Fernrohr »nicht anfassen!« darf, sondern auch, wie sich Sterne, der Mond, die Planeten und, in äußerst seltenen Fällen, auch ein Komet fotografieren lassen.

Sonnenfinsternis, Januar 2011

Ein ganz »junger« Mond, 2002

Sternenhimmel über dem Hochobir, 2010

Der Komet Hale-Bopp, fotografiert von meiner Sternwarte in St. Kanzian, 1997

Venus-Durchgang: Der schwarze Punkt ist die Venus, wie sie an der Sonnenscheibe vorbeizieht, 2004

Der Nachbar startet eine Silvester-Rakete 2010

Das Weizenfeld meines Nachbarn, 2010

Das Gewitter hat sich verzogen, der Regenbogen leuchtet hell auf, 2010

Ein Blitz entlädt sich hinter der Petzen, 2008

Jetzt ist klar, warum das Ding »Wetterhahn« heißt, 2009

Abendstimmung hinter Stein im Jauntal, 2002

Die Petzen, einer der beiden Südkärntner Hausberge, 2009

Auch hier war der Drang nach Sonne groß, Blick von Diex auf Südkärnten, 2011

Die Kirche von Grafenbach bei Diex, im Hintergrund die Koralpe, 2011

Die Kinder

Wie man es macht, man macht es falsch: Eigentlich gehören in eine derartige Dokumentation keine lieblichen Kinderfotos. Sie waren auch nicht geplant. Aber beim Durchstöbern sämtlicher alten Dias, Negative und Fotoabzüge sind mir natürlich auch Kinderbilder untergekommen, bei denen ich einfach nicht widerstehen konnte. Zum Glück sind die Kinder mittlerweile so alt, dass sie kaum jemand auf der Straße ansprechen wird, weil er/sie diese »herzigen« oder »niedlichen« Fotos im Buch des Vaters gesehen hat – das wäre nämlich wirklich peinlich.
Und dem anderen Vorwurf wollte ich mich auch nicht aussetzen, zwar 300 Fotos in einem Buch abgedruckt, aber es nicht für wert befunden zu haben, auch nur *ein* Bild von ihnen herzuzeigen!

Aufgewacht und erstmals den Kopf gehoben, Carla 1993

»Mit ihr muss ich jetzt wohl alles teilen?!« – Matthias und seine kleine Schwester, 1993

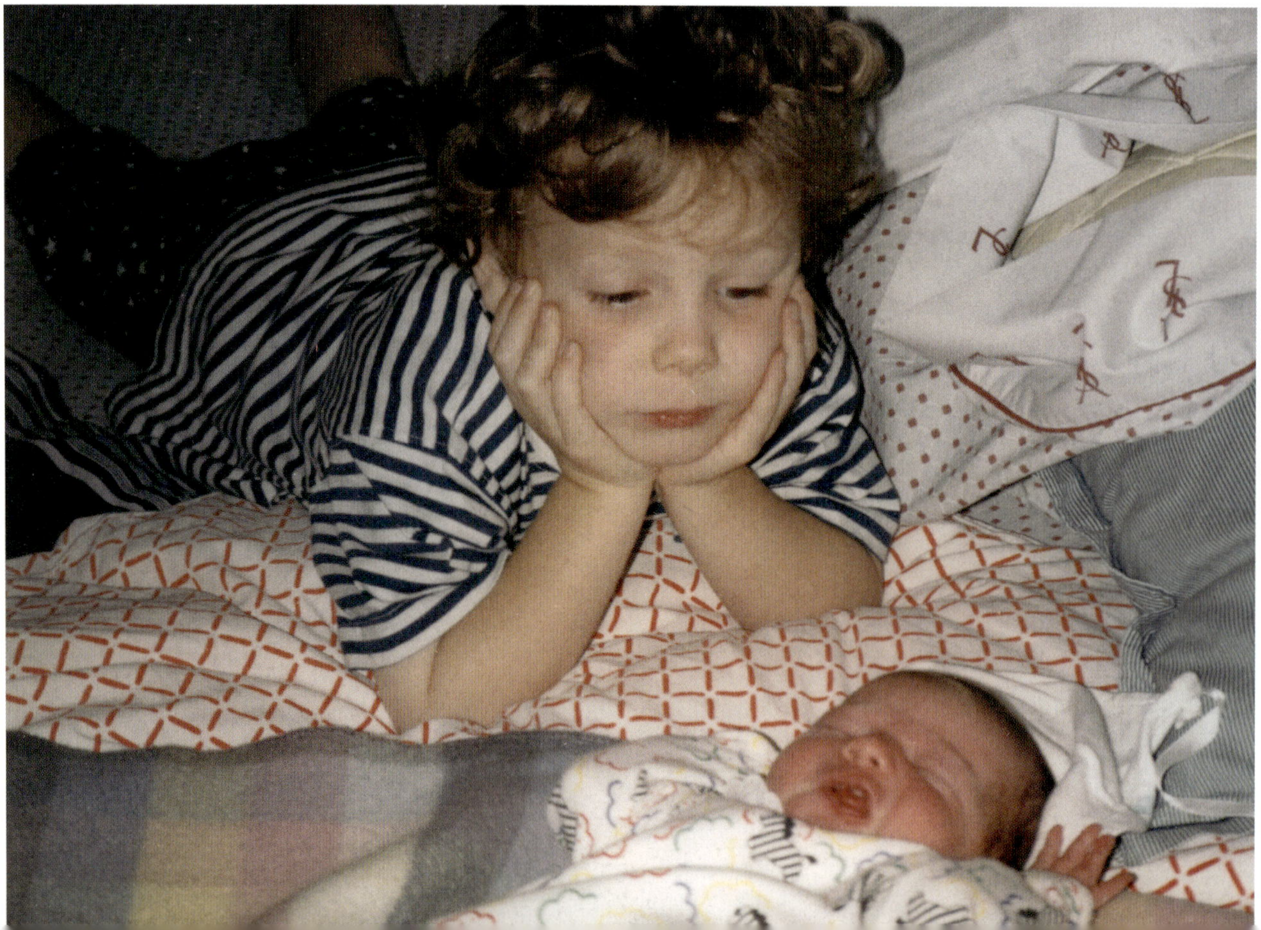

Sein Urgroßvater musste für den Maler hundert Jahre zuvor jedenfalls viel länger still sitzen, 1994

Carla war einige Jahre Baseball-Fan und -Spielerin, 2004

Einmal gelingt einem etwas Besonderes: Matthias, 1999

Carla blickt gebannt auf den Laptop-Bildschirm (die Marke wird nicht verraten), 2006

Matthias und sein Cousin Philipp am Strand der Outer Banks, North Carolina, 1999

Die Cousine Lina rennt
vor der untergehenden
Sonne davon, 1993

Dieses Buch wäre so nicht zustande gekommen,

… hätte meine Frau energischer insistiert, dass ich die vielen verstaubten Schachteln mit den uralten Fotos (»die ohnehin kein Mensch mehr braucht«) endlich wegwerfe – ich danke ihr dafür, nachgiebig gewesen zu sein;

… hätte sich Barbara Köszegi vom Verlag Kremayr & Scheriau geweigert, meine unzähligen Änderungsvorschläge auf die Buchseiten umzulegen – ich danke ihr dafür, so viel Geduld aufgebracht (und so viel Arbeit in dieses Projekt hineingesteckt) zu haben;

… hätte mir mein ORF-Kollege Christian Stöger nicht drei Fotos vom Norwegen-Aufenthalt des Bundespräsidenten überlassen – meine, aus völlig gleicher Perspektive aufgenommen, sind im festgefrorenen hard drive eines (sorry to say) Apple MacBooks verloren gegangen – ich danke ihm dafür.

Eugen Freund, im Juli 2011